μετωνυμίες

AF192345

XI

Zum Buch: Hans Küngs *Projekt Weltethos* hatte an seinen Anfängen primär einen ökumenischen Sinn und wollte zum Frieden zwischen den Religionen beitragen, als sich religiöse Konflikte wieder verschärften. 1993 verabschiedete das *Parlament der Weltreligionen* daraufhin die von Küng verfasste *Weltethos-Erklärung*. Küng eruierte Gemeinsamkeiten zwischen den Weltreligionen hinsichtlich ihrer ethischen Grundwerte, die sich auf die Philosophie übertragen lassen, selbst wenn diese sich nicht religiös orientiert. In der politischen Ethik, die von Aristoteles bis in die Gegenwart reicht und die sich mit dem Verhältnis von Ethik und Politik befasst, geht es in demokratischer Perspektive um eine ethische Vermittlung politischer Konflikte, beispielsweise um das Verhältnis zwischen Staat und Individuum. Wenn im 20. Jahrhundert die Menschen zunehmend Mündigkeit und politische Teilhabe einfordern, muss sich die politische Ethik diesen Ansprüchen auf Emanzipation stellen. Selbstbewusste Bürgerinnen überall auf der Welt gestalten häufig selbst ihre ethischen Orientierungen. Wenn viele Menschen dabei auch ähnlichen Grundwerten folgen, dann erhält das Weltethos ein lebendiges Fundament jenseits seiner religiösen Herkunft. Küngs Idee avanciert damit zum einflussreichsten Projekt der politischen Ethik, das man auch philosophisch beachten muss.

Hans-Martin Schönherr-Mann, Prof. für Politische Philosophie an der LMU München, Gastprof.: Uni Innsbruck, Venezia, Eichstädt, Regensburg, Torino, Passau. Bücher: Staat u. Kriegsmaschine – Staatsverständnis von Deleuze u. Guattari, Nomos 2023; Hannah Arendt – Vom gefährlichen Denken, Römerweg 2023; *Gesicht und Gerechtigkeit –Lévinas' politische Verantwortungsethik*, Innsbruck Uni Press 2021; *Nietzsche*, Römerweg 2020; *Dekonstruktion als Gerechtigkeit – Derridas Staatsverständnis*, Nomos 2019, *Foucault als politischer Philosoph*, IUP 2018; *Untergangsprophet und Lebenskünstlerin – Über die Ökologisierung der Welt*, Matthes & Seitz Berlin 2015; *Albert Camus als politischer Philosoph*, IUP 2015; *Was ist politische Philosophie*, Campus 2012; *Die Macht der Verantwortung*, Alber 2010; *Der Übermensch als Lebenskünstlerin – Nietzsche, Foucault und die Ethik*, MSB 2009; *Miteinander leben lernen – Die Philosophie und der Kampf der Kulturen*, Vorwort von Hans Küng, Piper 2008; *Simone de Beauvoir und das andere Geschlecht*, dtv 2007; *Hannah Arendt*, C.H. Beck 2006; *Sartre*, C.H. Beck 2005

Hans-Martin Schönherr-Mann

Hans Küngs Projekt Weltethos als politische Ethik

μετωνυμίες
XI

Bibliografische Information der Deutschen Nationalbibliothek: Die Deutsche Nationalbibliothek verzeichnet diese Publikation in der Deutschen Nationalbibliografie; detaillierte bibliografische Daten sind im Internet über dnb.dnb.de abrufbar.

© 2024 Hans-Martin Schönherr-Mann
Herstellung und Verlag:
BoD – Books on Demand, Norderstedt

ISBN 978-3-7597-5889-7

Für Irmi

INHALT

VORWORT

Welchen Beitrag kann die Ethik zur Lösung von sozialen oder internationalen Konflikten leisten? Die Antwort liegt keineswegs auf der Hand. Das Projekt Weltethos geht davon aus, dass die Weltreligionen zahlreiche essentielle Grundwerte teilen. Müsste das nicht zum Frieden zwischen den Religionen beitragen? Auch das versteht sich keineswegs von selbst, schließlich beherbergen die Weltreligionen diese Werte seit ihren Anfängen, bekriegen sich bis heute fleißig und lassen es dabei häufig an Grausamkeiten keineswegs fehlen.

Ein Blick in die Ethik zeigt zudem, dass die Ethik zumeist die innere Einheit einer Gemeinschaft herstellen soll, nicht aber den Sinn hat, den Konflikt mit anderen Gemeinschaften zu dämpfen. Im Gegenteil, die Ethik soll die Gemeinschaft stärken, z.B. die Opferbereitschaft ihrer Mitglieder befördern, um dadurch den Konflikt mit anderen Gemeinschaften um so erfolgreicher führen zu können. Die Ethik hat aus ihrer Tradition heraus nicht den Sinn, die Mündigkeit des Individuums zu fördern, sondern es der Gemeinschaft zu unterwerfen, indem der Mensch den vorgegebenen ethischen Code befolgt.

Besonders treffend beschreibt das Max Scheler, einer der bedeutenden katholischen Ethiker am Anfang des 20. Jahrhunderts, mitten während des ersten Weltkriegs freilich zur Unterstützung des kaiserlichen Deutschlands: „Gibt es (. . .) im Laufe der Geschichte eine wahrhaft dauernde Erhöhung des moralischen Status und eine Steigerung der Innigkeit und Tiefe in der Einigung der Menschheit, so sind nicht der Weltfriede, sondern der Krieg und die kumulierten, aus seinen Traditionen und tiefen Erinnerungen fließenden moralischen Dauereffekte in der menschlichen Seele die konstruktive Auslösekraft für diese Erhöhung und Einigung."[1] Auch wenn das eine Propagandaschrift war, so bringt Scheler den traditionellen Sinn von Ethik damit doch ziemlich präzise auf den Begriff.

Dass gemeinsame ethische Orientierungen zum Frieden miteinander konkurrierender Gemeinschaften beitragen, diesen Gedanken entwickelt Küng denn auch erst in einer Zeit, in der die Hoffnungen auf Krieg und Gewalt als Motoren des Fortschritts verblassten, nämlich nach den Weltkriegen, als vor allem viele verschiedene Sozial- und Emanzipationsbewegungen Teilhabe an der Politik verlangten, als sich auch Reformbewegungen innerhalb der Katholischen Kirche seit dem Zweiten Vatikanischen Konzil anfingen, Gehör zu verschaffen, zu denen Küng maßgeblich beitrug.

Daher ist Küngs Idee auch keineswegs mehr abwegig. Wenn die Menschen einsehen, dass sie ihre Menschlichkeit ähnlichen Werten verdanken wie jene, die einen anderen religiösen Glauben pflegen oder einer anderen Gemeinschaft angehören, dann kann es für sie aus der Unterwerfung unter die Normen ihrer eigenen Gemeinschaft heraus doch keinen Grund mehr geben, andere Menschen abzulehnen, müssen sie vielmehr Gemeinsamkeiten erkennen.

Küng denkt indes noch nicht allein aus diesen Individualisierungsprozessen heraus. Er hofft einerseits, dass religiöse Führer solcherart Gemeinsamkeiten einsehen und sie ihren Gläubigen vermitteln. Dadurch würden sie dann den Friedensprozess zwischen den Religionen oder auch Nationen befördern. Damit argumentiert Küng zunächst noch aus einer traditionellen Perspektive.

Wenn man dagegen von den Emanzipations- und Sozialbewegungen im 20. Jahrhundert ausgeht, davon dass immer mehr Menschen ihr Leben nicht mehr nach vorgegebenen Regeln zu

---

[1] Max Scheler, Der Genius des Krieges und der Deutsche Krieg (1915); in: Politisch-pädagogische Schriften, Gesammelte Werke Bd. 4, Bern, München 1982, 77

führen bereit waren, dass sie ihr Leben selber gestalten wollten, dann erhält das Projekt Weltethos eine andere, eine philosophische und soziologische Grundlage, Diese erweitert die religiöse Küngs und verleiht ihr erst das Fundament, das das Weltethos aus den Fängen einer autoritären Ethik befreit, der es nicht um die individuelle Entfaltung, sondern um die Unterordnung der Menschen unter die Gemeinschaft geht. Dann aber entfalten gemeinsame Normen keine friedenstiftenden Wirkungen.

Küng geht es aber um den Frieden zwischen den Religionen, ohne den kein Weltfriede möglich ist. Dass dergleichen von oben herab – top-down – dekretiert werden kann, erscheint historisch fraglich, scheint doch vielmehr die Gegenperspektive vonnöten, nämlich von den Bürgerinnen selbst, also von unten – bottom-up. So beschreibt Charles Taylor einen lange sich andeuteten Wandel der Werte: „das Gefühl des Epochenwandels spiegelt sich in den folgenden bekannten Worten Virginia Woolfs: ‚Ungefähr im Dezember 1910 änderte sich die menschliche Natur..' (. . .) Es wird gang und gäbe, die ‚eigenen Angelegenheiten' selbst erledigen zu wollen."[1]

Dann muss der Blick darauf gerichtet werden, wie sich im 20. Jahrhundert die ethischen Orientierungen gewandelt haben und dabei auch darauf eingegangen werden, dass innerhalb der Philosophie die Perspektive von unten keineswegs besonders populär ist, stattdessen ein Universalismus, der die individuellen Gestaltungspielräume eher einschränkt als erweitert. Die Bemühungen um individuelle Mündigkeit verdanken sich dagegen den diversen Aktivitäten zur Emanzipation verschiedener Gruppen und zur politischen und sozialen Teilhabe, die ich 2017 als Involution bezeichnete – gegenintentional zum Begriff wie ihn 1967 Johannes Agnoli einführt.

Nicht nur davon wird das *Projekt Weltethos* befruchtet, sondern auch von den weiteren sozialen Bewegungen, vor allem der Ökologie wie auch der ökologischen Ethik. Freilich

---

[1] Charles Taylor, Ein säkulares Zeitalter (2007), Frankfurt/M. 2009, 792

steht deren Begründer Hans Jonas noch in der autoritären Tradition von Max Weber, die Verantwortung nur den politischen und ökonomischen Führern zugesteht, nicht der Bevölkerung. Küng dagegen hat den Wertewandel im 20. Jahrhundert erkannt und ihn in sein Projekt als wesentliche Bereicherung aufgenommen und vermittelt ihn mit der Tradition.

In dieser Hinsicht entwickelt Küng auch eine Konzeption von Humanismus, die dem Existentialismus nahesteht, geht es ihm darum die humanen Kräfte zu erweitern. So hat sich das Nietzsche zwar nicht vorgestellt, aber in einem ähnlichen Sinn wie Küng greifen gerade existentialistische Philosophinnen auf Nietzsche zurück. Bei Hannah Arendt hat sich denn auch das Verständnis der Möglichkeiten der Vernunft verändert, die zwar nicht religiös orientiert sind, aber Beziehungen zu religiösen Fragen gerade nicht einfach ausschließen, wie es in weiten Teilen der Analytischen Philosophie der Fall ist. Arendt insistiert vor allem auf Kants erweiterter Denkungsart, also an der Stelle der Anderen zu denken. Just dadurch lässt sich denn erkennen, wenn die Andere die eigenen Wertungen teilt – die Grundlage des *Projekts Weltethos*. Diese Zusammenhänge leuchtet der folgende Text aus.

2002, bei meiner ersten Begegnung mit Hans Küng anlässlich eines Rundfunkgespräches, forderte er mich dazu auf, mich doch mit dem Weltethos zu beschäftigen. Es dauerte eine Weile, bis ich mir dazu einen Zugang geöffnet hatte. 2008 erschien dann *Miteinander leben lernen*, zu dem Küng das Vorwort und einen Essay schrieb, 2010 *Globale Normen und individuelles Handeln*, außerdem zwischenzeitlich zahlreiche Vorträge und Aufsätze. Der hier vorliegende Text fasst diese Auseinandersetzungen zusammen und setzt sie fort: Wie kann man Weltethos und globale Normen aus existentieller Perspektive denken?

I. KAPITEL

WELTETHOS ALS GLOBALE ETHIK

„Wir müssen doch miteinander leben lernen!"[1] Dieser Satz
Hans-Georg Gadamers avanciert zum Leitmotiv einer Philosophie des gegenseitigen Verstehens im Zeitalter der Globalisierung, wenn die Kulturen zusammenrücken und dabei drohen
aufeinander zu prallen, weil Technologien, Ökonomie und
Politik den Planeten umgreifen. Man mag sich lokal immer
noch an vielen Orten der Welt um einheitliche Nationen und
Religionen bemühen, tendenziell breiten sich indes durch
weltweite Migrationsbewegungen und globale Kommunikation
überall pluralistische Strukturen aus, d.h. ethnisch oder religiös
homogene Staaten transformieren sich langsam in pluralistische. Doch dadurch prallen Kulturen unmittelbar, offen und
überall aufeinander und nicht mehr nur an ihren Außengrenzen,
sondern vor Ort in Marseille, Abuja, Mumbai.

Kriegs- und Terrorszenarien nicht endender Konflikte stellen
keine apokalyptische Drohung mehr dar, wenn Samuel
Huntington den Zusammenprall der Kulturen prognostiziert.
Apokalypsen sollen ja gar nicht eintreten, sondern deren An-
drohung soll allein schon das Handeln der Zeitgenossen ändern. Ob am 11. September 2001, im heutigen Afghanistan
oder in den vorderorientalischen Kriegen realisiert sich
Huntingtons Vision. Dabei träumen die Kriegsparteien natür-

---

[1] Hans-Georg Gadamer; in: Hans-Martin Schönherr-Mann, Ethik des
Verstehens, Radioessay, Abendstudio, HR 2, 7.4.2002; abgedruckt in:
ders. (Hrsg.), Hermeneutik als Ethik, München 2004, 205

lich noch vom Sieg, der indes für alle Beteiligten in immer weitere Ferne rückt. Mit diesem *Clash of Civilizations* kehren die europäischen Religionskriege des 17. Jahrhundert global wieder und verschärfen sich durch das weltweite Erstarken von nationalistischen Parteien und totalitär werdenden Staaten, die ihre innere Stabilität häufig durch Kriege herstellen.

Allzu sehr verwundern sollte das nicht, waren die Lehren aus den Religionskriegen rund 100 Jahre später längst vergessen. Weite Teile der modernen Kultur vom 18. bis zum 20. Jahrhundert setzen große Hoffnungen auf den Krieg, der nicht mehr die ungläubigen Teufel besiegen, sondern den Fortschritt beschleunigen soll: die Ausbreitung der Menschenrechte durch Napoleon, die Einigung der Nationen, der Aufbau kolonialer Reiche, der revolutionäre Fortschritt zum Sozialismus, eine rassistische Vormachtstellung oder deren Bekämpfung als Krieg aus humanitären Zwecken. Alles das entspringt der romantischen Kriegsbegeisterung. Europa exportierte dieses Denken in diesen Jahrhunderten auch fleißig in alle Erdteile, so dass dort viele Menschen im antikolonialistischen Krieg eine schöpferische Kraft erkannten.

Gelegentlich mag man ja überschaubare Ziele durch Kriegführung erreichen. Der globale Konflikt zwischen Kulturen, Religionen, Weltanschauungen, verquickt mit Nationen und ökonomischen Machtzentrum lässt sich jenseits eines bloßen Waffenstillstands dagegen nur friedlich ausgleichen, wenn einerseits ein Kriegspotential mit schauerlichen Zerstörungen und schier unerschöpflichen Vorräten droht, und andererseits missionarischer Eifer wie ideologische Verbohrtheit Kriege ins Unendliche verlängern. Immerhin hat sich die Sowjetunion ohne großen Krieg aufgelöst: der größte Glücksfall der bisherigen Geschichte oder hatte sie diese Lektion gelernt? Denn im anderen Fall hätte ein globaler Atomkrieg stattgefunden. Atomkriege lassen sich nicht geplant führen, sondern produzieren umfassende Katastrophen, gleichgültig wie sie ausgehen. Oder hat Leo Strauss recht, wenn er 1953 über das klassische Naturrecht und Aristoteles schreibt: „Eine wohlgesittete Gemeinschaft wird nicht in den Krieg ziehen, es sei denn, es handele sich um eine gerechte Sache. Was sie aber während eines Krieges tun wird, das hängt bis zu einem gewissen Grad von dem ab, was ihr der Feind – möglicherweise ein absolut gewissenloser und barbarischer Feind – zu tun aufzwingt."[1]

Den Frieden herzustellen und zu sichern, stellt sich trotzdem im 21. Jahrhundert als vordringliche Aufgabe natürlich primär der Politik, der Wirtschaft und sozialen Kräften. Zudem sehen sich die Akteure auch vor eminenten ökologischen, technologischen und ökonomischen Herausforderungen, die zu einem großen Teil durch internationale Kooperation angegangen werden müssen – sei es die globale Armutsbekämpfung oder die Klimaerwärmung.

Können religiöse, wissenschaftliche, philosophische oder künstlerische Kräfte zu einer Suche nach Frieden etwas beitragen? Das versteht sich keineswegs von selbst. Generell entfaltet das Denken ein Reflexionspotential, das in vielfältiger Hinsicht Perspektiven aufzeigt, die zu einer Befriedung beitragen, beispielsweise Wirtschaftsmodelle, wie man die Armut bekämpft, Vorschläge für umweltfreundliche Technologien oder um die Entwicklung von Ländern zu befördern, Visionen globaler Kommunikation, oder selbstkritische Potentiale des Denkens, die die Kriegslust bremsen und die die Bereitschaft zum Frieden und zur Kooperation fördern. Dazu gehören auch ethische Konzepte, die das gegenseitige Vertrauen und die gegenseitige Rücksichtnahme stärken sollten, damit man Konflikte nicht mit Waffengewalt, sondern friedlich, also kommunikativ angeht.

---

[1] Leo Strauss, Naturrecht und Geschichte (1953), Frankfurt/M. 1977, 165

1. Die Ethik als friedenstiftende Kraft

Es ist speziell für die Philosophie, die sich ja lange überlegen dünkte, wenig schmeichelhaft, dass das größte und offenbar wirkungsmächtigste geistige Projekt in dieser Richtung nicht philosophischen Bemühungen entspringt, sondern dem Engagement des Theologen Hans Küng und der *Stiftung Weltethos*. Hans Küng publizierte 1990 sein Buch *Projekt Weltethos*, das davon ausgeht, dass die Weltreligionen gar nicht so unterschiedliche Grundwerte vertreten. Derartige Gemeinsamkeiten festzustellen und festzuschreiben, soll ein globales Ethos fixieren, das wesentlich zu einem friedlichen Umgang der Weltreligionen beiträgt, die sich ja ansonsten häufig massiv bekämpfen. Küng schreibt: „Diese eine Welt braucht das eine Grundethos; diese eine Weltgesellschaft braucht gewiss keine Einheitsreligion und Einheitsideologie, (. . .)."[1]

Hans Küng gelang es damit, das *Parlament der Weltreligionen* 1993 zu einer gemeinsamen Erklärung der Grundsätze eines Weltethos zu bewegen. In ihr heißt es: „Wir bekräftigen, dass es bereits einen Konsens unter den Religionen gibt, der die Grundlage für ein Weltethos bilden kann."[2] Damit erhält das Weltethos zwar einen religiösen Hintergrund, aus dem heraus es sich entbirgt, eben aus ähnlichen oder parallelen Normen und Werten der verschiedenen Weltreligionen, die in der *Weltethos-Erklärung* fokussiert und zusammengefasst werden. Ein zentrales Ziel des Projekts Weltethos stellt ja auch der Frieden zwischen den Religionen dar. Zugleich aber verdankt es sich gerade daher keiner bestimmten Religion, besitzt vielmehr einen interreligiösen Charakter, der es auch für säkulare Kreise attraktiv machen kann. Auch die zwischenzeitlich in vielen Ländern aufgestellte *Stiftung Weltethos* erhebt zu

---

[1] Hans Küng, Projekt Weltethos (1990), 9. Aufl. München 2004, 14
[2] Parlament der Weltreligionen, Erklärung zum Weltethos; in: Küng (Hrsg.), Dokumentation zum Weltethos, München 2002, 20

ihrem Programmpunkt, dass „kein globales Ethos ohne Bewusstseinswandel von Religiösen und Nichtreligiösen"[1] möglich ist.

Ein vom Ansatz her vergleichbares Konzept entwickelt innerhalb der Philosophie nur John Rawls in seiner politischen Philosophie der achtziger, neunziger Jahre, das er auch auf die Weltpolitik überträgt. Doch zunächst geht er von einer innenpolitischen Situation aus, in der zwar vielleicht die politischen Ideologien niedergehen, doch die Religionen wiederkehren. Wie bringt man Weltanschauungen in US-amerikanischer Verfassungstradition dazu, sich auf einen Konsens über die politische Grundstruktur einzulassen, der unabhängig von den jeweiligen religiösen Vorstellungen entwickelt wird? Wie gelangt man zu einem übergreifenden Konsens, der sich auf keine Weltanschauung stützt und die Grundprinzipien einer fairen gerechten Grundordnung sichert? Rawls schreibt: „Eine praktikable Konzeption politischer Gerechtigkeit (. . .) muss der Verschiedenheit der Weltanschauungen und der Vielfalt miteinander konkurrierender und inkommensurabler Konzeptionen des Guten gerecht werden, wie sie von den Mitgliedern bestehender demokratischer Gesellschaften vertreten werden."[2] Trump und seine Anhänger gehören offensichtlich nicht dazu.

Im Gegensatz zu Küng fragt Rawls nicht nach den gemeinsamen Werten, gar gemeinsamen ethischen Vorstellungen vom Guten, die den Weltanschauungen inhärent sind, sondern nach Prinzipien der Gerechtigkeit, die man von solchen Vorstellungen unabhängig konstruiert und auf die sich diese Weltanschauungen einlassen sollen. Die verschiedenen Weltanschauungen haben dabei den Vorteil, dass ihre jeweiligen Wertvorstellungen vom Guten erhalten bleiben, aber den Nachteil dass diese dann in politischen Fragen keine fundamentale Rolle

---

[1] Küng (Hrsg.), Dokumentation zum Weltethos, 2002, 204
[2] John Rawls, Gerechtigkeit als Fairness: politisch und nicht metaphysisch (1985); in: ders., Die Idee des politischen Liberalismus – Aufsätze 1978-1989, Frankfurt/M. 1994, 257

mehr spielen dürfen. Vergleichbar mit der Konzeption des Weltethos erscheint der übergreifende Konsens insoweit, wie sich die verschiedenen Weltanschauungen auf ihn nicht nur freiwillig einlassen, sondern diesen Konsens als so notwendig wie sinnvoll akzeptieren. Sie betrachten ihn nicht als unvermeidbares Übel oder gar als faulen Kompromiss, als keinen schieren modus vivendi, nicht als Minimalvorstellungen, die man so schnell wie möglich hinter sich lässt, wenn einem selber genug Macht zuwächst, die eigenen Vorstellungen politisch allgemein durchzusetzen. Nein, selbst wenn eine bestimmte Weltanschauung an die Schalthebel der Macht gelangt, wird sie sich an den übergreifenden Konsens gebunden fühlen. Trump fühlte sich daran offenbar nicht gebunden.

Diese Konzeption von Rawls stellt zweifellos den durchdachtesten philosophischen Vorschlag dar, den man dem Konflikt der Kulturen entgegensetzen kann. In bestimmten politischen Fragen wird man auch auf ihn zurückgreifen. Doch im Hinblick auf gemeinsame ethische Werte kann und will er mit dem Weltethos nicht konkurrieren, geht es ihm eben nicht um gemeinsame Vorstellungen vom Guten, sondern um notwendige Übereinkünfte über Grundrechte, nicht um ethische Maxime für das Handeln des einzelnen, sondern um Grundprinzipien der Gerechtigkeit innerhalb einer politischen Ethik. Insofern ergänzen sich beide Konzepte, haben sie vergleichbare Ziele, begehen aber unterschiedliche Wege.

Indes auch Hans Küng konzentriert sich auf einen pragmatischen Ansatz, durch den Religionen zur friedlichen Bewältigung der gegenwärtigen globalen Konfliktlage etwas beitragen können. Wenn man generell bei Konfrontationen gewaltsame Auseinandersetzungen vermeiden will, bieten sich zunächst wirtschaftliche Kompensationen an, die wahrscheinlich auch am schnellsten wirken. Aber nicht überall lassen sich damit Erfolge erzielen, entweder weil das Geld dazu fehlt oder dort, wo die Konflikte zu verbittert geführt werden oder die Gegensätze zu unüberwindbar erscheinen.

Wie sollte dabei die Ethik helfen? Klingt das nicht etwas absurd? Doch auch bei harten Auseinandersetzungen gibt es immer verschiedene Grade der Verbitterung unter den Beteiligten. Wie bringt man die Moderaten beider Konfliktparteien miteinander ins Vernehmen? Wie gelingt es, dass sie, anstatt aufeinander schießen zu lassen, miteinander reden? Eine zentrale Voraussetzung dazu ist, dass sie sich gegenseitig in einem gewissen Maße überhaupt vertrauen, sich gegenseitig als Gesprächspartner anerkennen. Wenn ihnen die Bemühungen um das Weltethos vorführen, dass sich die andere Seite hinsichtlich der Basisnormen von ihnen selbst kaum unterscheidet, könnte sich ein solches Vertrauen in der Tat leichter aufbauen, das am Ende womöglich sogar zu einem gewissen gegenseitigen Respekt führt.

Das klingt wiederum arg einfach: Religiösen Menschen folgen ähnlichen ethischen Prinzipien. Wenn das so ist, war das auch immer schon so! Warum sollte es dann plötzlich jetzt zum Frieden beitragen, Vertrauen, schaffen, gar zum gegenseitigen Verständnis führen? Warum sollte heute klappen, was bisher scheiterte?

Ist dergleichen überhaupt der Zweck ethischer Systeme? Schließlich kann man einwenden, dass ethische Systeme regelmäßig nur für die Mitglieder der eigenen Gruppe galten. Zugleich regelten sie den Umgang mit Fremden durch spezielle Prinzipien. Selbst der Islam oder das Christentum, die universelle Ansprüche verfolgen, grenzten in der Alltagspraxis die Ungläubigen aus. Universalismus hieß hier lange nicht mehr, als das Angebot an alle Menschen, sich zum jeweiligen Glauben konvertieren zu lassen. Wieso sollte die Einsicht in gemeinsame Normen also plötzlich befriedend wirken?

Aus welchem Grund ist wohl niemand im Zeitalter des Kriegs der Ideologien, also seit der Französischen Revolution, auf die Idee eines Weltethos gekommen und prüfte, ob es zwischen den verfeindeten Ideologien nicht gemeinsame ethische Standards gibt? Und dass es solche gemeinsamen Standards gab und gibt, das darf man wohl annehmen; wenn man von den

Nazis absieht, die sich trotzdem weitgehend der gängigen ethischen Normen bedienten, wiewohl sie deren Anwendungsbereich so massiv einschränkten, dass jeder universelle ethische Sinn zerstört wurde, den sie auch gar nicht beabsichtigten. Doch jenseits gemeinsamer Standards glaubte man erstens an die Fortschritt stiftende Kraft des Kriegs und hielt die Ethik für schwach. Zweitens selbst wenn man einsah, dass die Feinde denselben ethischen Normen folgten, so sah man darin keine besondere Gemeinsamkeit, ging es primär um eigene Interessen, die man für wichtiger als jede Ethik hielt. Gerade weil die Ethik salopp formuliert überall Ähnlichkeiten aufweist, stiftet sie nicht die Identität, sondern die eigenen Interessen, die von anderen abgrenzen und unterscheiden, stellt die Ethik Gefolgschaft her, indem sie ein Gemeinschaftsgefühl erzeugt.

Bezeichnenderweise beruft sich der Pragmatismus, die erste originär US-amerikanische Philosophie, die gegen Ende des 19. Jahrhunderts entsteht, nicht wie Hans Küng auf die Ethik, um die großen ideologischen Konflikte zu schlichten oder um diesen wenigstens zu entgehen. Nein, der Pragmatismus möchte Debatten, die zu keinem konstruktiven Ergebnis gelangen, ausklammern und sich nur noch mit solchen Fragen beschäftigen, die sich auch beantworten lassen. William James konstatiert: „Die pragmatische Methode ist zunächst eine Methode, um philosophische Streitigkeiten zu schlichten, die sonst endlos wären."[1] Trotzdem kann man den Pragmatismus als ersten philosophischen Versuch betrachten, die weltanschaulichen Kriege zu beenden. Daher findet er gerade heute im Konflikt der Kulturen wieder zahlreiche Anhänger. Im Neopragmatismus nimmt denn auch die Ethik einen breiteren Raum ein.

---

[1] William James, Der Pragmatismus – Ein neuer Name für alte Denkmethoden (1907), Hamburg 1994, 27

2. Mündigkeit und Urteilskraft

Die christlichen Religionen machten die Erfahrung des nicht endenden Bürgerkriegs bereits im 17. Jahrhundert in Europa und weltweit spätestens mit dem Kolonialismus der europäischen Mächte, im letzten Jahrhundert vornehmlich in Palästina, Indien oder Nordirland. Wenn man die Kriege nicht gewinnen kann, dann verlieren die religiösen Dogmen oder – säkular formuliert – materielle Interessen an Sinn stiftender Kraft. Dogmen oder Interessen drohen, zu Obsessionen zu werden, an denen Zweifel offenbar angebracht erscheinen oder die man pragmatisch ausklammern sollte. Vielleicht gelangt man dann zur Einsicht, dass sich Menschen stärker durch ihr Ethos bestimmen als durch religiöse Dogmen, philosophische Lehren oder ihre materiellen Interessen, dass gar Ähnlichkeiten im Ethos stärker verbinden könnten, als die Interessen trennen.

Ethos stabilisiert nicht mehr so sehr eine Gemeinschaft, die sich durch gemeinsame Interessen nach außen abgrenzt. Vielmehr könnte das Ethos jenseits solcher Gemeinschaftsorientierung verbindend wirken. Trotz der immer noch vorhandenen intuitiven Unterschiede im Verhalten zwischen Menschen aus Gegenden, in denen die Gegenreformation die ethischen Unterschiede zwischen Protestanten und Katholiken weitgehend einebnete, und Menschen aus Gegenden, in denen weder die Reformation noch die Gegenreformation eine große Rolle spielten, hat eine sehr ähnliche ethische Lebensgestaltung die Unterschiede zwischen Franzosen und Deutschen längst aufgehoben. So darf man in der Tat hoffen, dass die Einsicht in ethische Gemeinsamkeiten auch dem gegenseitigen Fremdeln zwischen Muslimen und Christen entgegenwirken wird.

Daher tritt das *Projekt Weltethos* in einer historisch veränderten Lage auf den Plan. Im 17. Jahrhundert war man noch längst nicht bereit, den anderen ob eines ähnlichen Ethos als ebenbürtig anzuerkennen, zählte das Ethos eher als sekundär gegenüber dem richtigen Glauben oder später gegenüber den nationalen oder Klasseninteressen. Überhaupt zielte die Ethik ob im mittelalterlich christlichen Sinn oder im aufklärerischen Verständnis doch eher auf die Anpassung des Individuums an die Gemeinschaft durch die Unterdrückung seiner egoistischen Neigungen. Damit gründet sich Humanität eher am Rande auf das Ethos, wie die Ethik umgekehrt unter diesen Bedingungen schwerlich nachhaltige Beiträge zur Lösung massiver politischer oder internationaler Konflikte fähig erscheint.

Nach den historischen Erfahrungen der religiösen, ideologischen und nationalen Auseinandersetzungen der letzten Jahrhunderte legt der Konflikt der Kulturen heute dagegen nahe, nach friedlichen Lösungen zu suchen, da sein globaler und religiöser Charakter ansonsten in einen nicht endenden Krieg führt. Und nicht durch Zufall lenkt Hans Küng dazu den Blick auf die Ethik, eben nicht nur auf ökonomische Entwicklungen oder technologische Anbindungen, wie sich liberale Konzeptionen normalerweise um eine Friedensstiftung und –Sicherung bemühen.

Denn das in den letzten Jahrzehnten wiedererwachte Interesse an der Ethik bekräftigt, dass die Ethik für das Selbstverständnis der Zeitgenossen zwischenzeitlich eine wichtige Grundlage der eigenen Existenz darstellt und längst nicht nur Anpassung an die Gemeinschaft bedeutet. Bereits im Protestantismus dient die Ethik primär der Gestaltung der individuellen Identität. Da der protestantische eher ferne Gott den Menschen weitgehend sich selbst überlässt, stellen mystische Praktiken zu diesem Gott keine lebensgestaltende Verbindung mehr her. Stattdessen muss der einzelne sein Leben innerweltlich in den Griff bekommen. Dazu aber dienen ihm die diversen asketischen Praktiken der protestantischen Ethik: „Stets aber bleibt das spezifische Ziel vor allem: ‚wache' methodische Beherrschung der eigenen Lebensführung"[1], bemerkt Max Weber

---

[1] Max Weber, Die protestantische Ethik I (1904/1920), 5. Aufl. Gütersloh 1979, 323

über den asketischen Protestantismus, der vor allem in den USA einflussreich wurde.

Dadurch gewinnen asketische Regeln immer größere Bedeutung für die Selbstkonstitution des Individuums. Sören Kierkegaard erkennt in der ersten Hälfte des 19. Jahrhunderts dann definitiv, dass Ethik längst nicht mehr primär dazu taugt, das Individuum der Gemeinschaft unterzuordnen, sondern dass sie dem individuellen Leben Form gibt, über die aber das Individuum in letzter Konsequenz selbst befindet. „Indem die Persönlichkeit sich selbst wählt, wählt sie sich selbst ethisch"[1], so Kierkegaard, gestaltet sie ethisch ihr eigenes Leben für sich selbst und nicht bloß unterworfen unter ein allgemeines Sittengesetz.

Dieses Verständnis von Ethik als individueller gestalterischer Kraft hat sich erst in der zweiten Hälfte des 20. Jahrhunderts durchgesetzt, waren zuvor die abendländischen Gesellschaften primär hierarchisch bzw. militärisch strukturiert, orientierten sie sich am Krieger und am Priester als soziale Leitbilder. Seither trägt diese individuelle Perspektive wesentlich zur neuerlichen Bedeutung der Ethik in einer demokratischen Welt bei, in der der einzelne so mündig und wenig autoritätsgläubig ist, wie man es in der Geschichte wahrscheinlich kaum findet. So schreibt Ulrich Beck: „Der Vulkan politischer Freiheit ist keineswegs erloschen. Wir haben es nicht nur mit einem Zusammenbruch bisheriger Gewissheiten, sondern mit einem Aufbruch in neue Freiheitsräume zu tun und damit in Felder vorbildloser Fragen."[2] Wiewohl man doch nachfragen darf, ob heute dieser Vulkan nicht doch erloschen ist.

Dieser Freiheitsräume ist sich auch Küng bewusst. Das *Projekt Weltethos* darf man als Produkt just einer solchen Entwick-

---

[1] Sören Kierkegaard, Entweder / Oder, Zweiter Teil (1843), Gesammelte Werke 2. u. 3. Abteilung, Düsseldorf, Köln 1957, 189
[2] Ulrich Beck, Ursprung als Utopie: Politische Freiheit als Sinnquelle der Moderne; in: ders. (Hrsg.), Kinder der Freiheit, Frankfurt/M. 1997, 384

lung verstehen. Denn Küng bemerkt 2002 auf die Frage nach den Aufgaben des Papstes: „Er sollte realisieren, was mittlerweile an Freiheit in der Menschheit und in der Kirche gewachsen ist. Er müsste zur Kenntnis nehmen, dass man die Menschen im Zeitalter der Säkularisierung, der Pluralisierung und der Individualisierung nicht mehr wie Schafe behandeln kann."[1]

Was kann nun die Philosophie zur weltethischen Perspektive angesichts des Konflikts der Kulturen beitragen? Nun, zunächst muss sie sich von ihrer früheren Kriegsorientierung verabschieden und grundsätzlich einsehen, dass Gewalt weder der Vernunft noch der Humanität auf die Sprünge zu helfen vermag. Ob das die Mehrheit der Philosophen heute vertritt, darf man trotzdem bezweifeln. Besonders friedfertig waren und sind Philosophen nicht unbedingt – man denke an Kant, Hegel, Marx, Nietzsche, Scheler, Strauss, Sartre, Jonas.

Doch angesichts des Konflikts der Kulturen sollten sich die Philosophen auf das erste natürliche Gesetz des Thomas Hobbes rückbesinnen, das da lautet: „Suche Frieden und halte ihn ein!"[2] Was Hobbes primär innerstaatlich intendierte, wäre heute auf alle Konflikte zu übertragen, ganz besonders auf die interkulturell aufgeheizten, die sich zugleich als innere wie als äußere Konflikte entladen. Dabei lässt sich Gewalt in der Tat gelegentlich kaum vermeiden. Ihre Auswirkungen, mit denen man anderer Gewaltanwendung begegnet, werden dieser eventuell auch gerecht und können ihr widerstehen. Doch sie schaffen indes nicht mal die elementaren Voraussetzungen einer friedlichen oder gar lebenswerten Entwicklung. Dazu muss man zumeist noch sehr viel friedliche Aufbauarbeit leisten – man denke an Südafrika, Nordirland, den Irak oder Afghanistan (gescheitert) oder allgemein an die Wehrpflicht, wie sie

---

[1] Küng, Wozu Weltethos? Religion und Ethik in Zeiten der Globalisierung – Im Gespräch mit Jürgen Hoeren, Freiburg, Basel, Wien 2002, 48

[2] Thomas Hobbes, Leviathan (1651), Frankfurt/M. 1984, 100

auch in der Ukraine besteht. Ohne die Arbeit für den Frieden verlängert die Gewalt immer nur Gewalt.

Im Sinne des *Projekts Weltethos* könnte man nun philosophische Ethiken auf die ihnen zugrundeliegenden Normen hin untersuchen und hoffen dass diese sich nicht allzu sehr unterscheiden, auch und gerade nicht von jenen, die die Erklärung des Weltethos enthält. Andernfalls stünde man vor dem Dilemma, entweder zu gemeinsamen Prinzipien nichts beitragen zu können, oder sogar mit den im *Weltethos* propagierten in Wettbewerb treten zu müssen. Indes würde sich ein philosophisches Konkurrenzunternehmen angesichts der Uneinigkeit der Philosophen schwerlich realisieren lassen und wäre auch kaum sinnvoll, würde es die Bemühungen um ein *Weltethos* doch höchstens konterkarieren. Zudem bleiben philosophische Ethiken zumeist so abstrakt, dass sie kaum auf ein breites Verständnis stoßen, darf man Richard Rorty wohl zustimmen, dass in der Moderne Literatur, Film und Kunst mehr zur ethischen Bildung der Zeitgenossen beitragen als philosophische Traktate über Moral. So würde sich die Philosophie höchstens in den Elfenbeinturm zurückziehen, um dort an trickreichen Begründungen ethischer Normen zu basteln, was durchaus verdienstvoll sein kann, aber nicht der Intention eines Weltethos gerecht wird mit seiner Frage nach ethischen Basisnormen.

Daher bietet sich ein anderer Weg an: Angesichts dessen dass ein solches Konzept für ein Weltethos bereits vorliegt, dem obendrein die Vertreter der Weltreligionen auf ihrem Kongress 1993 in Chicago zustimmten, sollte man philosophisch eher prüfen, ob man den dort propagierten ethischen Orientierungen nicht zustimmen kann. Im Zentrum der *Weltethos-Erklärung* stehen nämlich folgende vier Prinzipien: Gewaltlosigkeit und Ehrfurcht vor dem Leben verbunden mit dem Gebot, nicht zu töten; Solidarität und eine gerechte Wirtschaftsordnung verbunden mit dem Gebot, nicht zu stehlen; Toleranz und Wahrhaftigkeit verbunden mit dem Gebot nicht zu lügen; Gleichberechtigung und Partnerschaft von Mann und Frau verbunden mit dem Gebot, keine Unzucht zu treiben.

Probleme ergeben sich eigentlich nur beim letzten Gebot, das indes so unbestimmt ist, dass man damit auch nur den Missbrauch von Kindern meinen kann, so dass man diesem Prinzip auch von liberaler Seite jederzeit zustimmen kann. Problematisch wäre es eher, forderte man damit positiv gewendet die womöglich gar lebenswährende Monogamie im Rahmen der Ehe, dem viele Menschen heute nicht mehr zustimmen – auch nicht islamische und mormonische Vertreter einer Polygamie. Andererseits können mit dieser Formulierung verschiedene kulturelle Vorstellungen miteinander verknüpft werden. Zugleich klammert die *Weltethos-Erklärung* heiß umstrittene Fragen wie Abtreibung, Sterbehilfe, Stammzellenforschung bewusst aus, um Konflikte zu vermeiden. Eine philosophische Vernunft dürfte somit den angeführten Prinzipien wohl weitgehend problemlos zustimmen.

Jedoch eröffnet sich eine andere Differenz. Den Weltreligionen gelten diese ethischen Grundprinzipien als universell gültig, weil sie zumeist göttlichen Ursprungs sind, was für eine philosophische Vernunft kein starkes Argument darstellt. Es bedeutete nicht mehr, als dass viele religiöse Menschen diese Normen als universell akzeptieren. Höhere Weihen versteht die Philosophie regelmäßig nicht, handelt es sich dabei logisch betrachtet um einen Fehlschluss auf die Autorität. Die mündige Bürgerin ordnet sich aber keiner Autorität mehr unter, auch und schon gar nicht einer göttlichen, also einer, die man nicht hinterfragen dürfte, sind freilich heute an die Stelle der göttlichen Autorität die Experten getreten, denen man genauso gehorchen soll.

Postmoderne Philosophien operieren zwar durchaus mit Paradoxien und Paralogismen, allerdings bleiben sie innerweltlich im Rahmen der Vernunft bzw. der vorgegebenen philosophischen Verfahren. Dabei sind sie sich der mangelnden Letztbegründung bzw. der Zirkularität der eigenen Argumentation zumeist bewusst und versuchen dieser Zirkularität gar nicht zu entgehen. Vielmehr richten sich diese Philosophien mit der unvermeidbaren Zirkularität ein. Dieser Zirkel lässt sich auch nicht durch die Berufung auf eine Autorität durchbrechen; denn woher hätte diese Autorität ihre Autorität?

Auch der Universalismus der philosophischen Vernunft liefert kaum wirklich eine breit akzeptierte Letztbegründung, mag sich dies auch primär der Eitelkeit der Philosophen verdanken. Wichtige Vordenker einer solchen Bemühung sind die beiden Vertreter einer kommunikativen Vernunft, vor allem Karl-Otto Apel und tendenziell Jürgen Habermas. Sie propagieren beide ein Ideal einer Kommunikationsgemeinschaft, die Konflikte durch einen vernünftigen Diskurs löst, der frei von Einflüssen der Macht oder gar der Gewalt sein soll, um derart über gültige ethische Prinzipien entscheiden zu können. Apel formuliert einen entsprechenden kategorischen Imperativ: „‚Handle so, als ob du Mitglied einer idealen Kommunikationsgemeinschaft wärst!'"[1] Doch ein Zirkel bleibt auch hier, wenn die Diskursethik eben bestimmte Voraussetzungen machen muss, die man schwerlich als definitive Begründung verstehen kann oder die viele aus welchen Gründen auch immer nicht nachvollziehen wollen. Und gibt es wirklich eine Situation, in der Macht, Abhängigkeit, Interessen keine Rolle spielen? Bestimmt nicht in den Wissenschaften und in der Politik, sowenig wie in den Medien!

Da philosophische Letztbegründungen immer umstritten bleiben und im Grunde nicht das bewirken, was sie vorgeben, nämlich Kritiker wirklich zu überzeugen, erscheint es eher sinnvoll, die oben angeführten Grundprinzipien eines Weltethos pragmatisch als global weitgehend anerkannte Normen zu betrachten. Man möchte nicht mit Menschen zusammenleben, die morden, die stehlen und Abhängige sexuell missbrauchen – lügen muss man gelegentlich – dieses Gebot ist mehr als fraglich. Das Gebot nicht zu töten findet dabei wohl die uneingeschränkteste Anerkennung. Mit Menschen, von denen man annimmt, dass sie im Stile von Dostojewskis Raskolnikow

---

[1] Karl-Otto Apel, Diskurs und Verantwortung – Das Problem des Übergangs zur postkonventionellen Moral, Frankfurt/M. 1988, 357

Menschen umbringen, die ihnen im Weg sind, möchte man kaum etwas zu tun haben. Ähnlich möchte man nicht ständig von jemandem bestohlen werden bzw. sich ständig davor schützen müssen. Menschen, die mit anderen brutal umgehen, würde man wohl auch eher meiden, selbst wenn sie einen selbst nicht bedrohen. Wenn sie uns selbst gar bedrohen, dann hält man sich von ihnen zwangsläufig fern, es sei denn, man ist von solchen Menschen abhängig.

Insofern sollte sich über die weltethischen Grundnormen ein weitreichender Konsens herstellen lassen. Eine säkulare Vernunft würde derart dem Weltethos weitgehend zustimmen und seine Achtung empfehlen, ohne lange noch nach eigenen weltethischen, globalen Prinzipien zu suchen. Das könnte auch wirklich überflüssig sein; bemerkt doch in diesem Sinne Otfried Höffe: „Im Gegensatz zu einem strengen Relativismus stößt der erfahrungsoffene Blick sogar auf ein derart großes Maß an Gemeinsamkeiten, dass die Moral den Rang eines gemeinsamen Erbes der Menschheit beanspruchen darf."[1] Derart lässt sich denn der Verdacht formulieren, dass eine Suche nach gemeinsamen ethischen Grundnormen auch in der Philosophie kaum zu einem anderen Ergebnis als in den Religionen führen wird und eine solche Suche daher nicht auf einer neuen philosophischen Agenda des Weltethos stehen müsste.

Was kann dann die Philosophie überhaupt zum Weltethos beitragen? Liegt es hier nicht nahe, dass die Philosophie sich ihrer Verantwortung bewusst werden sollte, darauf zu drängen, dass Ethik weniger zur individuellen Lebensgestaltung im Sinne Kierkegaards beiträgt? Sollte sie stattdessen Ethik nicht traditionalistisch wieder als eine Kraft begreifen, die das Individuum an der Gemeinschaft orientiert?

Doch das ist nicht mehr so einfach. Auch die *Weltethos-Erklärung* und die von Hans Küng formulierte *Erklärung der Menschenpflichten* erkennen an, dass es auf den einzelnen

---

[1] Otfried Höffe, Lebenskunst und Moral oder macht Tugend glücklich, München 2007, 20

Menschen ankommt, dem man ethisch gerade nicht mehr befehlen kann – die Moral konnte das nie. So begründet die Präambel der *Erklärung der Menschenpflichten* deren Notwendigkeit, „da alle Menschen nach bestem Wissen und Vermögen eine Verantwortung haben, sowohl vor Ort als auch global eine bessere Gesellschaftsordnung zu fördern – ein Ziel, das mit Gesetzen, Vorschriften und Konventionen allein nicht erreicht werden kann."[1] Die Politiker der verschiedenen Lager erkennen, dass sich der Bürger freiwillig engagieren muss, wenn die Verhältnisse humaner werden sollen, bzw. dass man das nicht erzwingen kann. Im Zeitalter der Mündigkeit urteilt die einzelne selber in ethischen Fragen, wird auch gerade ihr individuelles Engagement verlangt. Daher sollte die Philosophie gemeinsam mit Religion und Politik eher dazu beitragen, die Menschen zu einem solchen Engagement zu motivieren und zu befähigen, anstatt sie wie in der Corona-Politik zu bevormunden.

Denn das Problem ist nicht allein die Achtung der weltethischen Prinzipien, sondern ihre Anwendung. Das sieht auch Hans Küng, wenn er schreibt: „Normen ohne die Situation sind leer; die Situation aber ohne Norm ist blind. Vielmehr: Die Normen sollen die Situation erhellen, und die Situation die Normen bestimmen. Gut, sittlich ist also nicht einfach das abstrakt Gute oder Richtige, sondern das konkret Gute oder Richtige: das Angemessene. Mit anderen Worten: Nur in der bestimmten Situation wird die Verpflichtung konkret. Aber in einer bestimmten Situation, die freilich nur der Betroffene selber zu beurteilen vermag, kann die Verpflichtung durchaus unbedingt werden. Das heißt: Unser Sollen ist immer situationsbezogen, aber in einer bestimmten Situation kann das Sollen kategorisch werden: ohne Wenn und Aber. In jeder konkreten sittlichen Entscheidung ist also die allgemeine normative

---

[1] Präambel, 5. Abs. der Allgemeinen Erklärung der Menschenpflichten, des InterAction Council; in: Küng (Hrsg.), Dokumentation zum Weltethos, München 2002, 100

Konstante zu verbinden mit der besonderen situationsbedingten Variablen."[1] Das ist Aristotelismus: wie die Tugenden befolgt werden, muss die einzelne nach Lage der Dinge entscheiden.

Die Achtung vor einem *Weltethos* bzw. die globale Geltung seiner Prinzipien bedeutet folglich nicht, dass man in jeder Situation seine Regeln blind anwendet, sondern nur dass man sie grundsätzlich beachtet und in möglichst vielen Situationen darüber nachdenkt, ob man sie anwenden muss oder nicht. Dabei erhellt die Regel natürlich auch die Situation, führt letztlich vor, was in einer Situation wirklich passiert und worauf man reagieren muss, also welche Regel anzuwenden ist. Ein Veganer wird im Schlachthof das Tötungsverbot verletzt sehen. Der Metzger wird sich dagegen nicht für einen Henker halten. Gilt das Tötungsverbot im Krieg nicht? Wie steht es mit den Kollateralschäden? Gilt es dort auch nicht? Oder werden daraus bloß keine strafrechtlichen Konsequenzen gezogen?

Offenbar lässt sich nicht mal das universelle Tötungsverbot in jeder Situation anwenden. Beim Attentat auf den Massenmörder durfte Stauffenberg töten, war die Regel, nicht zu töten, nicht anzuwenden. Oder gilt sie gegenüber manchen Menschen nicht? Man muss also darüber nachdenken und eruieren, wann in welcher Situation welche Regel relevant und anzuwenden ist. Dazu kann man sich nicht auf eine weitere Regel stützen. Das führte nur in einen unendlichen Regelregress. Darauf weist Ludwig Wittgenstein als erster hin, wenn er fragt: „Aber wie kann mich eine Regel lehren, was ich an *dieser* Stelle zu tun habe?"[2] Dass man eine Regel anwendet, stellt für sich allein nur einen kausalen Zusammenhang her: ich kenne das Tötungsverbot und halte mich daran. Das ist nicht das Problem, sondern warum ich meine, dass in dieser Situation das Tötungsverbot gilt und am 20. Juli 1944 im Hauptquartier des Nazi-Chefs nicht. Sollte das automatisch geschehen, bedürfte

---

[1] Küng, Projekt Weltethos (1990), 83

[2] Ludwig Wittgenstein, Philosophische Untersuchungen (1953), Werkausgabe Bd. 1, Frankfurt/M. 1984, Nr. 198, 343

es einer weiteren Regel. Es kann also gar nicht automatisch geschehen. Die Regel, die die Anwendung der Regel des Tötungsverbots regelt, bedürfte selber wieder einer Regel usw.

Auch Robert B. Brandom schließt 1994 in seinem fundamentalen Werk *Making it explicit* an diese Fragestellung an: Wann ist es richtig, eine Regel anzuwenden? Wenn sie richtig angewendet wird! Dafür gibt es aber keine weitere Regel. Trotzdem folgt richtiges Handeln impliziten Regeln, die ihrer expliziten Formulierung vorausgehen – man könnte sich an die nachträgliche Konstruktion der weltethischen Standards erinnert fühlen, die schließlich auch bereits vorlagen, bevor sie in der Erklärung zusammengefasst wurden. Um ethisch zu handeln, müssen Menschen ethische Regeln intuitiv anwenden, ohne dass ihnen jemand bzw. eine weitere Regel versichern könnte, dass dies richtig ist. Brandom schreibt: „Regeln wenden sich nicht selbst an; sie entscheiden über die Richtigkeiten des Handelns nur im Kontext von Praktiken des Unterscheidens zwischen richtigen und unrichtigen Anwendungen der Regeln. Fasst man diese praktischen Richtigkeiten der Anwendung selbst wiederum als regelgeleitet auf, dann begibt man sich in einen Regreß."[1]

Menschen sollten in der Lage sein zu beurteilen, wann Regeln angewendet werden müssen und wann nicht, wann Handlungen also richtig sind und wann nicht. Das ist kein Automatismus, lässt sich nicht allgemein regeln, sondern verlangt vom einzelnen ein gehöriges Maß an Urteilsvermögen. Derart liefert die Ethik dem einzelnen zwangsläufig einen Spielraum für eigene Entscheidungen, der ihn von untertänigem Gehorsam emanzipiert.

Wie entwickelt der Mensch die Fähigkeiten, um ethische Regeln in den jeweiligen Situationen richtig anzuwenden? Offenbar verfügen die Menschen über solche Fähigkeiten nicht einfach von Geburt an. Menschen brauchen dazu vielmehr eine

---

[1] Robert B. Brandom, Expressive Vernunft (1994), Frankfurt/M. 2000, 75

ethische Bildung, die Kompetenzen im Sinne von Wissen und Fertigkeiten und Tugenden im Sinne von ethischen Haltungen fördert. Kompetenzen und Tugenden motivieren und strukturieren das individuelle Handeln in ethischer Perspektive, d.h. sie helfen bei der Suche nach der richtigen ethischen Regel in der jeweiligen Situation. Dazu hat die Philosophie des 20. Jahrhunderts auch sehr viel beigetragen, gerade dort, wo sie nicht in die normativ ethischen Bemühungen einzuordnen ist, beispielsweise im französischen und deutschen Existentialismus.

Natürlich ist die Regelanwendung nur dann ein Problem, wenn sie nicht auf der Hand liegt, wenn die Menschen die Regeln nicht selbstredend bzw. intuitiv anwenden oder glauben, einer Regel bloß zu gehorchen. Letzteres erscheint simpel, wenn ein Befehlender vor ihnen steht, wird aber schon schwierig, wenn die Ausführung zu anderer Zeit und an anderem Ort stattfindet, was meistens der Fall ist. Hier eröffnen sich nicht nur sofort Ermessensspielräume. Die Bedenkzeit könnte Zweifel aufkommen lassen. Warum haben die deutschen Soldaten die Befehle zur Judenverfolgung so gründlich ausgeführt? Anders ist es beim militärischen Drill, über den Foucault bemerkt: „Das Verhältnis des Zuchtmeisters zum Zögling läuft über Signale: es geht nicht um das Verstehen des Befehls, sondern um die Wahrnehmung des Signals und die alsbaldige Reaktion darauf entsprechend einem vorgegebenen Code."[1] Im Kampfeinsatz bleibt trotzdem immer ein Spielraum.

Jede fragwürdige Situation öffnet einen Entscheidungsspielraum, was die Betroffenen ethisch herausfordert. Wie man angesichts schrecklicher aktueller Massaker erleben muss, birgt das Tötungsverbot, das man ja als den eigentlichen Kulturfortschritt begreifen darf, immer noch die zentrale ethische Problematik. Den Lokomotivführer, der die Viehwaggons mit tagelang zusammengepferchten Menschen nach Auschwitz fährt,

---

[1] Michel Foucault, Überwachen und Strafen – Die Geburt des Gefängnisses (1975), Frankfurt/M 1977, 214

würde man heute nicht mehr als ehrenwerten, seine Pflicht erfüllenden Mann anerkennen. Zumindest würde man ihn heute fragen, ob er denn mal darüber nachgedacht hat, was er da tut: Hat er mal überprüft, ob das Tötungsverbot auch für sein Handeln relevant sein könnte?

Wie kann man Menschen dazu motivieren, überhaupt erst einmal zu überprüfen, ob und welche Regel in der Situationen gelten könnte, in der sie sich befinden? Nun, zunächst muss der Lokomotivführer vor Auschwitz gegenüber der Naziideologie kritikfähig werden, um überhaupt zu erkennen, dass Juden, Zigeuner, Homosexuelle, Behinderte und Kommunisten in seinem Zug keine Untermenschen und keine Volksschädlinge sind. Andernfalls – so glaubten die Nazis – könnte man leichter behaupten, das Tötungsverbot würde nicht gelten. Doch zu häufig haben sich Autoritäten oder eine vorherrschende öffentliche Meinung desavouiert. Daher darf man deren Vorgaben nicht mehr blind folgen. Mündigkeit verlangt von jedem einzelnen, sich selber Gedanken zu machen, sich Fragen zu stellen, eben zu überlegen, in was für einer Situation man sich befindet und welche ethische Regel anzuwenden ist.

Aber um zu ermitteln, ob eine Situation ethisch relevant ist, muss letztlich überprüft werden, welche ethische Regel denn in ihr zur Anwendung kommen müsste. Dazu ist Urteilskraft vonnöten, wie sie Immanuel Kant entwirft. Die Urteilskraft ordnet eine Situation einer Regel unter. Das erscheint zunächst vergleichsweise einfach: Ein Toter liegt auf der Straße. Der Kommissar betrachtet ihn, entdeckt eine Schusswunde, sucht sich das passende Gesetz, subsumiert darunter den Sachverhalt und kommt dann zum Ergebnis, dass hier ein Mord vorliegen könnte, was aber letztlich der Richter entscheidet.

Doch zumeist hat man nur unvollständige Informationen über eine Situation. Trotzdem muss man schnell zu einem Urteil kommen, will man sich nicht in Angelegenheiten verstricken lassen. Manchmal erscheint die Regel klar. Manchmal muss man lange überprüfen, ob sie in einer bestimmten Situation angewendet werden soll. Manchmal muss man sich die

Regel überhaupt erst suchen, erscheint die Situation überhaupt nicht eindeutig. Der Lokomotivführer vor Auschwitz brauchte also zweifellos ein solches Urteilsvermögen wie jene Kritikfähigkeit, um zu erkennen, dass auch schon das Führen von Zügen unter die Regel zu subsumieren sein könnte, dass man nicht töten darf.

3. Wahrheit und Interesselosigkeit

Nun mag man eine Regel eventuell als richtig in einer Situation anerkennen. Man mag einsehen, dass die Leute im Zug Menschen und keine Untermenschen sind und man mag auch wissen, dass man sie zu ihrer Ermordung fährt. Aber deswegen muss man sich vom Tötungsverbot in dieser Situation noch nicht unbedingt betroffen fühlen. Die Anwendung der Regel für sich selbst und die daraus resultierenden Handlungen könnte man als zu gefährlich einschätzen. Man möchte keine Risiken eingehen, weil man Interessen verteidigt, z.B. die eigenen Kinder, das eigene Volk im Krieg mit anderen Völkern. Oder man könnte einem anonymen Schicksal die Schuld zuweisen, das den Lokomotivführer nach Auschwitz schickte. Wie also versteht man, dass man in einer bestimmten Situation eine als angemessen erkannte Regel auch auf sich selbst anwenden soll?

Zweifellos muss der Lokomotivführer dazu ein Stück weit von seinen eigenen Interessen absehen. Von Interesselosigkeit spricht Kant im Angesicht des Schönen und Hannah Arendt überträgt diesen Begriff auf die politische Ethik, wo er zur Tugend avanciert. Derart ist für Arendt „die wichtigste Bedingung für alle Urteile, die Bedingung der Unparteilichkeit, des ‚uninteressierten Wohlgefallens‘. Indem man seine Augen schließt, wird man zu einem unparteilichen, nicht direkt affizierten Zuschauer sichtbarer Dinge."[1] Um überhaupt eine Situ-

---

[1] Hannah Arendt, Das Urteilen – Texte zu Kants politischer Philosophie (1982), München, Zürich, 1998, 92

ation ethisch zu beurteilen, ob man in ihr selber eine bestimmte Regel anwenden muss, darf man diese Situation eben nicht ausschließlich vom eigenen Interesse aus betrachten, sondern muss just davon absehen.

Man muss einen möglichst objektiven und keinen bloß subjektiven Blick entwickeln, um zum sicheren ethischen Urteil zu gelangen. Dazu darf man sich über sich selbst nichts vormachen und natürlich auch sich von anderen nichts vormachen lassen. Zur Tugend der Interesselosigkeit gehört somit auch die Tugend der Wahrhaftigkeit. Sie stützt sich auf die Norm, nicht zu lügen. Aber sie beschränkt sich darauf nicht. Im Gegenteil, im Grunde soll die Tugend der Wahrhaftigkeit der weltethischen Kernnorm, nicht zu lügen, zur Anwendung in den relevanten Situationen verhelfen. Es geht dabei auch nicht einfach um die Wahrheit; denn dann befände man sich im Streit darum, was Wahrheit ist, ob es sie noch gibt oder nicht mehr, ob sie die Übereinstimmung von Aussage und Sachverhalt sein kann oder nicht. Nein, es geht vielmehr darum, dass man sich nicht hinter beschränkten Informations- oder Handlungsmöglichkeiten versteckt, dass man sich um Einsicht bemüht, niemand hintergeht oder betrügt und dabei auch seinen Feinden Gerechtigkeit widerfahren lässt. Die Tugend der Wahrhaftigkeit konstituiert keine eigene Wahrheit, verteidigt nicht das eigene Interesse. Sie richtet vielmehr einen objektiven Blick auf die eigene Existenz, um diese zu hinterfragen.

Wenn der Lokomotivführer vor Auschwitz der Wahrhaftigkeit nicht ausweicht, dann erkennt er, dass dort offenbar gegen die Regel, nicht zu töten verstoßen wird, und dass er sich daran beteiligt, weil er die Züge führt, die die Menschen dorthin bringen, wo sie ermordet werden. Wenn der Lokomotivführer die Tugenden des Desinteresses und der Wahrhaftigkeit besitzt, dann wird er zumindest einsehen, dass er die Regel, nicht zu töten, in seiner Situation anwenden sollte, weil er nämlich mit dem, was er tut, gegen sie verstößt.

Doch wie kann sich ein einfacher Lokomotivführer zu solchen Gedanken durchringen, wenn die Mehrheit um ihn herum, seine Kollegen, seine Familie, die Offiziellen sich anders verhalten? Wird daher der Lokomotivführer vor Auschwitz es nicht ablehnen, die Regel, nicht zu töten, zu beachten, just weil seine Mitmenschen sie auch nicht anwenden? Wie kann man weltethische Grundnormen in einer Situation anwenden, in der diese geboten erscheinen, wenn aber die Umwelt diese Normen missachtet – eine gängige Situation?

Dazu braucht man nicht nur Kritikfähigkeit und Urteilskraft, nicht nur Desinteresse und Wahrhaftigkeit. Der Lokomotivführer vor Auschwitz muss sich vor allem auch vorstellen können, was er mit dem Zugfahren anstellt, wozu er damit beiträgt. Es gilt Zusammenhänge zu erkennen, die vielleicht nicht unbedingt auf der Hand zu liegen scheinen, gerade auch weil sich seine Umgebung so verhält, als gäbe es da gar keine Zusammenhänge. Häufig werden Menschen daher Informationen vorenthalten, die solche Zusammenhänge herstellen könnten. Doch um Zusammenhänge zwischen isolierten Fakten zu erkennen, bedarf es des Denkvermögens. Einzelne Informationen für sich alleine sagen häufig viel zu wenig. Man muss daraus ein Puzzle bilden, das man sich ausdenkt. Man muss darüber nachdenken. Erst dann wird der Lokomotivführer vor Auschwitz die Situation verstehen, in der er und seine Umwelt sich befinden. Und man sollte Menschen ohne hohe Bildung nicht unterschätzen! Viele Menschen mit solcher Bildung haben die Nazis bei ihren Massenmorden fleißig unterstützt.

4. Tugenden und Kompetenzen

Damit ist natürlich nicht nur Denk- oder Vorstellungsvermögen gefragt, sondern auch die Einbildungskraft, eine Kompetenz, die immer schon dafür sorgt, dass Menschen auf andere oder neue Ideen kommen, die Welt mit anderen Augen sehen, als die Masse, die sie umgibt. Warum haben die Nazis wohl die abstrakte Kunst als entartet diffamiert? Weil sie dem Menschen auf fantasiereiche Sprünge hilft und ihn Denken lehrt. Diktaturen – aber manchmal auch Demokratien – fürchteten derartige individuelle Kompetenzen, die den Menschen ein anderes als das offizielle Bild ihrer Lage vermitteln, wie man das ebenfalls während der Corona-Politik erleben durfte.

Dann könnte der Lokomotivführer einsehen, dass die anderen ihre Beteiligung an einer Mordmaschinerie verdrängen, dass das Tötungsverbot für sie genauso gilt, dass nicht er die Ausnahme, sondern die Umwelt darstellt; dass man gerade auch mit der Mehrheit zum Teufel wird. So schreibt Arendt: „Ohne diese Art von Einbildungskraft, die tatsächlich Verstehen ist, wären wir niemals in der Lage, uns in der Welt zu orientieren. Sie ist der einzige Kompass, den wir haben. Wir sind Zeitgenossen nur so weit, wie unser Verstehen reicht."[1] Der Lokomotivführer, der brav seinen Dienst tut und die Güterwagen voller Menschen nach Auschwitz fährt, hat offenbar keinen Kompass, um sich in der Welt zu orientieren. Er versteht seine Zeit nicht bzw. nicht, was um ihn herum passiert. Das kann ihn zum Verbrecher werden lassen, zum Unterstützer einer terroristischen Vereinigung. Dabei möchte er doch durch Gehorsam ein moralischer Mensch sein.

Durch Denkvermögen und Einbildungskraft schwant ihm dagegen langsam, dass die Regel nicht zu töten just auch für ihn

---

[1] Arendt, Verstehen und Politik (1953); in: dies., Zwischen Vergangenheit und Zukunft – Übungen im politischen Denken I, 2. Aufl. München, Zürich 2000, 127

gilt, der bloß den Zug führt, weil er sich durch das Zugfahren an der Vorbereitung des Massenmordes wie am unmittelbaren Quälen von Menschen beteiligt, an dem man selbst dann sich nicht beteiligen sollte, wenn es ‚alle' tun.

Gerade gegen die universellen Gebote eines Weltethos wird nicht selten flächendeckend verstoßen. Dies aber verdrängen die meisten Zeitgenossen – man denke nicht nur an Nazi-Deutschland, sondern alltäglicher an Korruption, Steuerhinterziehung, Doppelmoral und Intoleranz. Die elementaren globalen Gebote lassen sich häufig schwieriger anwenden als die Regeln einer lokalen Moral, die den betroffenen Menschen in ihren Traditionen vor Ort allseits gewohnte Umgangsweisen angeben. Von solchen konkreten Situationen erscheint der Weg zu den richtigen elementaren globalen Geboten häufig weiter, weshalb sich Kompetenzen und Tugenden dazu als um so nötiger erweisen.

Aber selbst wenn man das alles einsieht und sich im Grunde verpflichtet fühlt, anders zu handeln als die Umwelt, wird man das wirklich tun? Wäre ein solches Handeln nicht nur gefährlich, sondern auch aussichtslos? Trifft den Lokomotivführer vor Auschwitz die Regel wirklich? Wird er nicht trotzdem zurückschrecken, das Tötungsverbot an dieser Stelle für ihn selbst gelten zu lassen? Wird er die Verantwortung nicht auf die Hierarchie abwälzen und damit letztlich die eigene Verantwortung für den Massenmord bestreiten?

Doch um sich entsprechend anders als die Kollegen zu verhalten und um sich seinen Vorgesetzen nicht einfach unterzuordnen, braucht man zunächst die Tugend der Solidarität mit der gequälten Kreatur oder die Nächstenliebe. Natürlich könnte man sich mit der terroristischen Elite des Regimes gemein machen, so wie es die Mehrheit der Mitmenschen hält. Aber wie kann man bei solchen Grausamkeiten zuschauen und mit deutscher Gründlichkeit daran teilnehmen? Muss man nicht stattdessen dieses grausame Treiben nach allen Regeln der Kunst sabotieren? Muss man da nicht sein eigenes Interesse und seine eigenen Vorteile vergessen?

Hier bereitet der Pragmatismus dem weltethischen Denken den Weg. Richard Rorty möchte den Kreis derjenigen ständig erweitern, mit denen wir uns solidarisch fühlen, eine Bemühung, die tendenziell niemanden ausgrenzt. „Richtig verstanden," schreibt Richard Rorty, „ist die Parole: ‚Wir haben moralische Verpflichtungen gegenüber Menschen als solchen' ein Mittel, uns daran zu erinnern, dass wir immer weiter daran arbeiten müssen, unser Verständnis des ‚Wir' so weit auszudehnen, wie wir nur können. (. . .) Wir sollten Ausschau halten nach marginalisierten Gruppen, die wir instinktiv noch immer unter ‚sie' einordnen, nicht unter ‚wir'."[1] Ob Solidarität zum Wesen des Menschen gehört, oder ob sie ein Ergebnis seiner Bildung ist, Mitleid stellt eine noch massivere Triebfeder dar, die Schopenhauer gar zum originären ethischen Impetus erhebt.

Aus einem solchen Mitleiden aus Solidarität heraus wird man die eigene Schuld nicht mehr abschieben und sich damit jene Tugend aneignen, die zum ethischen Signum der Moderne avancierte. Dann wird den einzelnen genau das beseelen, was Oskar Schindler entwickelte, als er in seinen jüdischen Arbeitern Menschen erblickte, für die er sich selbst plötzlich verantwortlich fühlte. Viele Menschen im 20. Jahrhundert haben erkannt, dass ihre Verantwortung viel weiter reicht, als man es sich früher vorstellte, als man Untertanen für schlicht nicht verantwortlich hielt. Doch die Mündigkeit, der Entscheidungsspielraum, eine ethische Regel anzuwenden, hat jene gestrigen Untertanen im Nachhinein in Freiheit und damit in Verantwortung versetzt, auf die heute noch viele Zeitgenossen lieber verzichten.

Vor allem die Verantwortungsethik, die von Max Weber über Sartre, Hans Jonas zu Emmanuel Lévinas reicht, hat begriffen, dass Menschen ihre Verantwortung in der jeweiligen Situation erkennen müssen, die sie dazu veranlasst die richtigen ethischen Regeln anzuwenden. Diese Einsicht stellt den

---

[1] Richard Rorty, Kontingenz, Ironie und Solidarität (1989), Frankfurt/M. 1992, 316

zentralen Beitrag der Philosophie zum Weltethos dar: nach den Kompetenzen und Tugenden zu fragen, die vonnöten sind, damit sich die Menschen in ihrer jeweiligen Situation für die angemessenen weltethischen Grundregeln entscheiden können. Nur auf diese Weise trägt der Mensch Verantwortung, aber in einem weitreichenden Sinn. So sagt Sartre bereits 1943 die programmatischen Sätze, „dass der Mensch, dazu verurteilt, frei zu sein, das Gewicht der gesamten Welt auf seinen Schultern trägt: er ist für die Welt und für sich selbst als Seinsweise verantwortlich."[1]

Wenn globale Kooperation beispielsweise angesichts des Konfliktes der Kulturen angesagt ist, dann sollte auch die Philosophie ihre Verantwortung dafür übernehmen und beispielsweise mit der Theologie hinsichtlich des *Projekts Weltethos* kooperieren. Ist hier noch großer Streit angesagt? Schwerlich, schließlich muss die Philosophie dazu die Prinzipien der Theologie so wenig übernehmen wie umgekehrt die Theologie die Prinzipien der Philosophie.

---

[1] Jean-Paul Sartre, Das Sein und das Nichts – Versuch einer phänomenologischen Ontologie (1943), Gesammelte Werke Philosophische Schriften I, Bd. 3, Reinbek 1993, 950

II. KAPITEL

EMANZIPATION UND WELTETHOS

Dass es weitverbreitete Normen gibt, lässt sich kaum bezweifeln. Das hat vor allem das *Projekt Weltethos* aufgewiesen, indem es primär vier ähnliche Normen in den großen Weltreligionen diagnostizierte. In der politischen Welt kann man auf die diversen Erklärungen der Menschenrechte und ihre weitreichende Anerkennung verweisen, wobei es hier sicherlich noch einen Unterschied gegenüber der Anwendung der Menschenrechte gibt, die naturgemäß unterschiedlich ausfällt, müssen sich die Menschenrechte in die jeweiligen Rechtstraditionen der Länder einfügen. In der philosophischen Welt wird eine Globalität von Normen auch weitgehend akzeptiert. Wer widerspricht schon dem Tötungsverbot? Alles das darf man als empirische Befunde betrachten, denen man noch höchst unterschiedliche jeweilige Begründungen anfügen könnte. Hier liegt denn zumindest ein Teilbereich der philosophischen Probleme mit der Globalität von ethischen Normen.

Aber mit globalen ethischen Normen stellt sich das Problem, welche Rolle diese für die diversen Emanzipationsbewegungen spielen und umgekehrt letztere für globale Normen. Unter Emanzipation verstehe ich zunächst im Anschluss an Kant den Anspruch auf individuelle Mündigkeit. Daraus folgt nicht nur die freie Wahl der Lebensform, was primär eine private Angelegenheit darstellt. Doch diese wird öffentlich, wenn die eigene Lebensform nicht bloß versteckt geführt werden muss, wenn man sie vielmehr öffentlich bekunden darf und man keiner vorgegebenen Sittlichkeit öffentlich huldigen muss. Nach

Thomas Hobbes im Zeitalter erster Emanzipationsbestrebungen muss der Untertan noch öffentlich der Staatsreligion huldigen, darf aber privat und versteckt dem Kult frönen, den er bevorzugt. Es dauert quasi bis in die letzte Hälfte des 20. Jahrhunderts, bis zumindest in einigen Ländern das Private emanzipatorisch ins Licht der Öffentlichkeit getreten ist.

Das wird heute von konservativen, rechten und religiösen Kreisen immer noch massiv bekämpft. Zu diesen neueren Konflikten gehört eine nicht ausschließbare Differenz der jeweiligen emanzipatorischen Werte gerade auch gegenüber globalen Kernnormen. Dabei könnte man an den christlichen Frühsozialisten Wilhelm Weitling denken, der die revolutionäre Gewalt mit der Bibel begründet, oder an den Priester-Guerillero Camillo Torres, der mit Ivan Illich befreundet war. Näher liegt das öffentliche Bekenntnis von Simone de Beauvoir und anderen Frauen 1971: „J'ai avorté."[1]

Zur Mündigkeit gehört natürlich im weiteren die ökonomische Vereinigungsfreiheit, die Religionsfreiheit, insbesondere die politische Partizipation, die auch Volksgruppen nicht ausschließen und diskriminieren darf.

Darauf rekurrierend lassen sich verschiedene Wellen der Emanzipation feststellen. Sie beginnt mit der Reformation und dem Anspruch der Reformierten, nicht als Häretiker betrachtet, sondern als berechtigte Glaubensgemeinschaft anerkannt zu werden. Hier liegt bis heute noch immer viel im argen, z.B. im Umgang mit den diversen Sekten, zu denen man auch politische zählen sollte. Hierzu gehört noch Galileis Forderung nach der Laienauslegung der Bibel.

Im 17. und 18. Jahrhundert erfolgt dann die Emanzipation des Bürgertums, das politische Partizipation und letztlich sogar Hegemonie beansprucht. Im 19. Jahrhundert rollen zwei Wellen der Emanzipation nebeneinander ab, die sich gar nicht selten kreuzen, nämlich die Emanzipation der Juden, die dabei

---

[1] Zit. in: Schönherr-Mann, Simone de Beauvoir und das andere Geschlecht, München 2007, 36

notorisch droht in Assimilationsstrukturen abzugleiten, und die Emanzipation der Arbeiter. Beide Bestrebungen vollenden sich zumindest tendenziell nach dem ersten Weltkrieg.

Im 20. Jahrhundert sehen wir zunächst den antirassistischen Emanzipationsanspruch der Farbigen – man denke an die Bürgerrechtsbewegung in den sechziger Jahren in den USA und an das Ende der Apartheid in Südafrika. In der zweiten Hälfte setzt sich dann mit großem Erfolg die Emanzipation der Frauen durch, die zwar sicherlich noch viele Altlasten ihrer früheren unterwürfigen Rolle mitschleppen und die noch längst nicht entsprechend in den Führungspositionen von Wirtschaft und Politik angekommen sind, die aber jedenfalls diese unterwürfige Rolle an manchen Orten der Welt verlassen haben, indem sie sich ökonomisch zunehmend selbständig machen, wie es sich Simone de Beauvoir vorstellt.

Im begonnenen 21. Jahrhundert sind die Homosexuellen zunehmend aus dem Schatten ins Licht der Öffentlichkeit wie der Politik getreten. Man kann auch von einer gelungenen Multikulturalisierung der westlichen Gesellschaften in den letzten Jahrzehnten des 20. Jahrhunderts sprechen, wenn sich Menschen mit unterschiedlichen Migrations- und Kulturhintergründen mit ihren Themen ebenfalls in der Öffentlichkeit Gehör verschaffen oder manchmal auch aus gegenteiligen Motiven dorthin gezerrt werden. Derart ist beispielsweise der Islam zu einem nicht mehr bestreitbaren Teil der nordatlantischen Welt geworden, während Integrationsdebatten dagegen entweder fremdenfeindliche oder politische Reaktionsmuster darstellen. Sie bestätigen den Erfolg dieser Multikulturalisierung als Emanzipationsprozess just dadurch, dass sie ihn vehement bekämpfen. Jedenfalls ist es Unsinn, von einem Scheitern der multikulturellen Gesellschaft zu sprechen. Im Gegenteil, sie hat sich beinahe weltweit durchgesetzt. Die technologische Entwicklung wird ihn trotz aller Remigrationsspinner weitertreiben.

Aus dieser Perspektive verschiedener Emanzipationswellen verliert Emanzipation aber ihren universellen Sinn, den sie bei

Friedrich Schiller im *Wilhelm Tell* noch hatte, wenn Bürgertum, Menschheit und Natur zusammenfließen, oder bei Marx, der die Interessen des Proletariats mit den Interessen der Menschheit identifiziert. So sehr sich auch manche feministische Positionen darum bemühen, ähnliche Gleichungen zu formulieren, so sehr wird doch wie bei allen anderen Emanzipationsbewegungen deren partieller Charakter deutlich, der auf die universellen Ansprüche von Bürgertum und Proletariat längst nachhaltig demolierend rückwirkte. Bürgertum und Arbeiterschaft stellen heute partielle Interessensgruppen dar, die durch Neoliberalismus und Sozialstaat nur unzulänglich beschrieben werden. Auch Frauen können keinen universellen Anspruch begründen.

Es geht ja bei den diversen Emanzipationsbewegungen längst nicht nur um allgemeine Menschenrechte und um allgemeine politische Partizipation, sondern um besondere Lebensformen und deren öffentliche Ansprüche, die dadurch die traditionelle sittliche Ordnung nicht nur herausfordern, sondern auflösen: man denke hier nicht nur an die Abtreibung oder an die sogenannte Homo-Ehe, sondern auch an Minarette im einstmals christlichen Abendland. Insofern scheinen emanzipatorische Perspektiven mit globalen Normen wenig gemein zu haben, vielmehr mit diesen eher zu konfligieren.

1. Globalität in der Ethik

Diese Differenz spiegelt sich auch innerhalb der Debatte um weltethische Kernnormen bzw. philosophisch formuliert um die universelle Gültigkeit ethischer Normen. Dabei brechen die tiefsten Gräben bei der Begründung globaler Normen auf. Hans Küngs *Projekt Weltethos* klammert daher wohlweislich diese Problematik in pragmatischer Perspektive aus. Der Pragmatismus will unsinnige Begründungsdebatten meiden, falls daraus keine konkreten Konsequenzen folgen. Wenn es um die Befriedung des Konflikts der Kulturen geht, dann macht es wenig Sinn, sich auf die Debatte um unterschiedliche Gottesbilder einzulassen. Dann reicht die Feststellung gemeinsamer Normen verbunden mit einem allgemeinen Anspruch innerhalb der jeweiligen Religionen, um daraus eine Gültigkeit nicht nur für die eigenen Gläubigen abzuleiten, sondern um diesen auch auf die Anhänger aller anderen Religionen zu übertragen – was ja nicht mal formaliter bzw. in dogmatischer Perspektive eine Selbstverständlichkeit ist.

Unterschiedliche Begründungen gibt es natürlich auch innerhalb der Philosophie, deren Vertreter so wenig wie viele Theologen daran denken, von ihren Begründungen in der Debatte um die Gültigkeit von globalen Kernnormen abzusehen. Trotzdem sind auch hier die Unterschiede gewaltig – man vergleiche nur den klassisch naturrechtlichen Ansatz, wie ihn beispielsweise Leo Strauss vertritt, mit dem modernen kontraktualistischen von Kant und John Rawls oder mit dem rationalistisch kommunikativen von Karl-Otto Apel und Jürgen Habermas. Bei Strauss muss man die abendländische Tradition als stabile Einheit verstehen, deren Wertesystem sich seit den Zeiten Abrahams nicht geändert hat: „Es ist für Aristoteles wie für Moses offensichtlich, dass Mord, Diebstahl, Ehebruch etc. unbedingt schlecht sind. Griechische Philosophie und die Bibel stimmen insoweit überein, dass der richtige Rahmen der Moral die patriarchalische Familie ist, (. . .)."[1]

Freilich steht das seit den Zeiten Darwins massiv in Frage. Auch Kants kategorischer Imperativ sagt erstens nicht, was man tun soll und zweitens darf man dessen Kategorizität bezweifeln, nämlich hinterfragen, was das überhaupt bedeutet, also eine Norm gelte unbedingt. Bei Rawls übergreifendem Konsens muss man erstens auf die eigenen Vorstellungen vom Guten verzichten und zweitens eine bestimmte Vorstellung von Vernunft und eine Annahme ihrer Wirksamkeit teilen. Bei Apel muss man ein beschränktes Verständnis von Zwang haben und bestimmte Vorstellungen von einem guten Argument

---

[1] Leo Strauss, Progress or Return? (1952), in: ders., Jewish Philosophy and the Crisis of Modernity, Albany 1997, 105

akzeptieren. Bei Habermas muss man eine bestimmte Übereinstimmung von Vernunft und Kommunikativität begrüßen.

Ähnlich wie Theologen behaupten manche Philosophen, dass ethische Normen ihre Geltungskraft nur dann hinreichend entfalten, wenn ihre Begründungen keine Einschränkungen erfahren, also Unbedingtheit erreichen. In diesem Sinne wird gerne Absolutheit gefordert und behauptet, man habe sie gar eingelöst, beispielsweise durch die oben skizzierten Konzeptionen. Denn so wenig wie die Theologen können Philosophen eine absolute Geltung von Normen begründen. Jede Begründung verläuft sich im Unendlichen oder wird an einer beliebigen Stelle abgebrochen. Da werden dann an einer konstruierten Stelle die Namen Gott oder Vernunft eingesetzt und behauptet, dass damit alles hinlänglich erklärt wäre. Aber so wenig wie das ewige Leben oder Gott – so Wittgenstein – den Sinn der Welt oder des Lebens aufklären, sowenig folgen aus dem besseren Argument allgemein zustimmungspflichtige Konsequenzen, höchstens relative, nämlich Deduktionen auf der Grundlage der jeweiligen Axiome und Begriffe. Ob der einzelne diese anerkennt, das obliegt ihm selbst, helfen zu dessen Überzeugung kaum bessere Argumente, die sowieso nur unter definierten Voraussetzungen als bessere behauptet werden können.

Das setzt sich dem Relativismusvorwurf aus, den sich im Hinblick auf das Absolute natürlich nicht zurückweisen lässt. Bezogen auf eine vollständige Disjunktion von Absolutheit und Relativität lässt sich dem gar nicht widersprechen. Aber diese Unterscheidung erweist sich als eine vergleichsweise belanglose, just deshalb, weil es in der Erfahrungswelt, also auf einem trudelnden Himmelskörper in einer kulturvarianten Sprache und mit einem diskontinuierlichen Bewusstseinsstrom nichts Absolutes geben kann, so dass auch das Wort Relativität wenig bis nichts auszusagen versteht, was just Platons Ideenlehre gegen ihre Intention bestätigt, wenn das Höhlengleichnis in der *Politeia* die Welt der Ideen durch die Welt der Realien beschreibt. Absolutheit macht nur als Ideenkleid einen selbstkonstruierten Sinn mit wenig Relevanz. Man muss sich nun mal in dieser Welt mit den Problemen des Zusammenlebens der Menschen auseinandersetzen. Gute Ideen sind hier und dort hilfreich. Aber sie lösen kein Problem. Schon gar nicht vermögen sie das weitere Fragen zu beenden: Was macht die Absolutheit absolut, was die Vernunft vernünftig? Natürlich kann man Antworten darauf nicht gelten lassen, die sich dem Absoluten oder dem Vernünftigen verdanken. Dann befindet man sich im hermeneutischen Zirkel, wogegen es nichts einzuwenden gibt, was die Vertreter absoluter Standpunkte dagegen gemeinhin anders sehen.

Daher bleibt nichts anderes, als jeglichen Universalismus aufzugeben. Man kennt die Grenzen des Universums nicht und von demselben nur einen Bruchteil. Und das ist alles naturwissenschaftliche Interpretation. Das meiste davon werden Menschen in späteren Zeiten anders ausdenken. Vielleicht ist auch irgendwann niemand mehr da, um sich darüber Gedanken zu machen, was nicht unwahrscheinlich ist. Es ist ja nicht mal gesichert, dass die heutigen Menschen noch wesentliches mit den Römern gemein haben oder die heutige Christen mit den frühen.

Daher spreche ich auch nicht von universellen Normen, sondern von globalen, die hier an vielen Orten auf diesem Planeten Geltungsansprüche erheben. Sicherlich gelten sie auch auf der ISS. Ansonsten gelten sie nicht auf dem Mond – noch nicht, darf man einschränken. Ähnliches kann man vom Mars sagen. Von der Venus wissen wir es nicht, ebenfalls nicht vom Merkur. Ausgeschlossen ist es momentan auf Jupiter und Saturn, höchstens auf dem einen oder anderen ihrer Monde vorstellbar und auch nur in fernen Zeiten.

Man kann auch keinesfalls mit Gewissheit sagen, dass in jenen fernen Zeiten auf anderen Planeten Menschen noch nach denselben ethischen Regeln leben. Das stellt letztlich eine Frage der Interpretation dar. Im Sinne einer evolutionären Theorie des Wissens geht Michel Foucault davon aus, dass es den Menschen erst seit ca. 300 Jahren gibt. Im Sinne der biologischen Evolutionstheorie kann man sogar annehmen, dass sich die Menschen seit den Zeiten des Moses durchaus verändert haben, ja dass sich jeder einzelne Mensch anders entwickelt, er schon nicht mal mit seinen Zeitgenossen unbedingt dasselbe Wesen teilen muss. Es erscheint eher unwahrscheinlich, dass davon die Ethik unberührt bleibt. Man könnte schlicht unterstellen, dass jeder Mensch ein anderer ist und nicht derselbe.

Insofern beschränkt sich meine Verwendungsweise des Ausdrucks globale Ethik nicht nur auf einzelne Orte auf diesem Planeten, sondern auch auf die jetzige Epoche. Globale Normen gelten nur dort, wo es Menschen gibt, die sich an ihnen orientieren und dies beispielsweise auch von anderen verlangen und es womöglich juristisch durchsetzen. Die Gültigkeit wird dann eine Machtfrage, galten die weltethischen Kernnormen beispielsweise nicht im nationalsozialistischen Deutschland.

Über die Art und Weise der Gültigkeit der globalen Kernnormen ist damit noch nichts gesagt. Sie bedürfen grundsätzlich nicht nur der Anerkennung durch die Betroffenen, sondern auch der Anwendung durch die Betroffenen. Denn die Frage stellt sich immer für einzelne, wann eine Regel angewendet werden soll, wann sie also wirklich gilt. Wenn die Gestapo klingelt und nach dem versteckten Juden fragt, dann gilt die Regel ‚Du sollst nicht lügen!' offenbar nicht. Sie wird vernünftigerweise nicht angewendet. Ob sie dabei überhaupt gilt, oder ob man lieber davon sprechen sollte, dass sie nur im Anwendungsfall gilt, darüber darf man streiten. Das spielt allerdings pragmatisch betrachtet keine besondere Rolle; denn wo man Normen nicht anwendet, entfalten sie auch keine Wirkung, bleibt ihre theoretisch behauptete Geltung folgenlos, mag das auch nur für einen beschränkten Zeitraum und einen Ort zutreffen. Von absoluter Geltung lässt sich jedenfalls nicht sprechen oder das hat keine praktischen Konsequenzen.

Allemal macht Kategorizität eines Imperativs keinen Sinn. Man befolgt ethische Imperative auch nicht, weil es sich so gehört, aus Achtung vor dem moralischen Gesetz, sondern nur weil man eine moralische Regel unter bestimmten Umständen für sinnvoll hält, d.h. weil man sich von ihrer Anwendung gewisse Vorteile für den zwischenmenschlichen Umgang verspricht. Man gehorcht auch längst nicht mehr staatlichen Gesetzen, weil sie Gesetze sind. Ich überquere immer bei Rot für Fußgänger den Zebrastreifen, es sei denn die Polizei steht neben mir, fahre auf der falschen Seite mit dem Fahrrad und zahle halt mal 10 Euro, wenn ich dabei von verbeamteten Wegelagerern überfallen werde. Den Sinn solcher Gesetze beurteile ich selbst und lasse mir dergleichen auch von keiner staatlichen Autorität vorschreiben, höchstens deren Gültigkeit, die ich aber generell bestreite und die man faktisch durch ein anderes Verhalten gelegentlich außer Kraft setzt. Die Menschen sind frei und für sich selbst verantwortlich, wie es Jean-Paul Sartre entdeckte.

Der Sinn einer Regel zeigt sich im Grunde in ihrer Nichtanwendung, wenn man überhaupt nicht daran denkt, einen umzubringen, der einem im Wege ist. Ich gehe auch davon aus, dass meine Freunde es genauso halten. Das bedeutet aber nicht, dass die Regel nicht zu töten, immer anerkannt bzw. angewendet wird. Im Fall von Sterbehilfe, der Abtreibung hält zwar der Gesetzgeber in Deutschland noch daran fest, daraus einen Anwendungsfall zu machen. Aber ein Großteil der Betroffenen sieht das völlig anders und ist nun mal frei, nach eigener Einschätzung zu handeln, muss sich nicht vom Staat bevormunden lassen, kann dieser Gesetze erlassen, mit der Polizei kontrollieren und doch werden sich ihnen viele widersetzen. Wenn Spielräume der Individuen innerstaatlich verengt werden, weicht man ins Ausland oder in den Untergrund aus. Ein schlechtes Gewissen hat man dabei bestimmt nicht. Im Gegenteil begreift man sich selbst als Autorität, der es höchstens an Macht mangelt, um anderen den Willen aufzuzwingen. Aber warum sollte der einzelne eine Angelegenheit nicht selbst beurteilen. „Ich aber bin durch Mich berechtigt zu morden, wenn Ich Mir's nicht verbiete, wenn Ich selbst Mich nicht vorm Mord als ‚Unrecht' fürchte,"[1] schreibt Max Stirner. Jemandem, der nur nicht mordet, weil es staatlicherseits stark eingeschränkt ist, würde ich nicht vertrauen, einem Gehorsamen allemal nicht, den ich mit Nietzsche doch eher verachte. In diesem Anspruch auf Mündigkeit und Selbständigkeit liegt ein Grundzug der Emanzipationsbewegungen. Anders wäre es kaum zur zunehmenden Anerkennung der sogenannten Homo-Ehe gekommen.

Der Staat seinerseits lässt töten, wie es für ihn von Vorteil ist, und zwar nicht mal unbedingt im Rahmen der Gesetze – man denke an die Angriffe mit sogenannten Drohnen in Wasiristan oder an Einsätze im Gaza-Streifen. In Deutschland diskutierten konservative Innenpolitiker immer wieder mit Begeisterung Gesetzesvorschläge, um den Abschuss von Zivilflugzeugen rechtlich zu genehmigen. Der Staat oder die Politiker sind auch kein Vorbild an Gesetzestreue oder gar Moralität, was der Plagiatsskandal um einen bundesdeutschen Verteidigungsminister bestätigt oder legale Geschäfte mit Masken oder die weitreichende Bevormundung der Bürgerinnen in der Corona-Politik. Just Politiker müssen gelegentlich lügen, wenn sie erfolgreich sein wollen: Man nannte Mitterand in Frankreich denn auch le Florentin.

2. Weltethos und emanzipatorische Bewegungen

Daraus ergibt sich denn, dass zunächst mal kein grundsätzlicher Widerspruch zwischen emanzipatorischen Perspektiven und globalen Normen besteht, wie er sich zunächst anzudeuten schien, wenn sich um Emanzipation immer nur Gruppen ohne universelle Perspektiven bemühen. Auch die Globalität von ethischen Normen kann, wie gerade gezeigt, universelle Ansprüche nicht einlösen.

Wenn man nach dem Verhältnis von Emanzipation und *Weltethos* fragt, dann liegt zunächst die Unterscheidung Michael

---

[1] Max Stirner, Der Einzige und sein Eigentum (1844), Freiburg/München 2009, 195

Walzers zwischen elementarer dünner und partikularer dichter Moral nahe. Eine partikulare Moral erzeugt ein dichtes Netz an Regeln, stellt insofern eine Art Maximalmoral dar, die Walzer auch als Ausgangspunkt begreift. Die Moral entsteht nicht zuerst in Form von wenigen universellen Kernnormen, also als dünne Moral und verdichtet sich dann, sondern umgekehrt lassen sich aus den dichten partikulären Moralen gewisse Normen herausziehen, die ähnlich wie in den Weltreligionen auch in dichten Moralen vorkommen und dadurch Gemeinsamkeiten ergeben. Insofern sind diese Kernnormen den diversen Ethiken wie Religionen inhärent, so dass sie keine freistehende Konzeption wie der übergreifende Konsens bei Rawls ergeben.

Dann darf man die weltethischen Kernnormen auch in der Ethik emanzipatorischer Bewegungen erwarten. Allerdings fragt sich, welche Rolle sie dabei spielen. Schließlich erscheint es zunächst als naheliegend, dass sie eher im Hintergrund mitschwingen, als dass sie emanzipatorische Bewegungen unmittelbar beseelen.

Wenn man sich die Emanzipation von Menschen mit Migrationshintergrund in der modernen multikulturellen Gesellschaft betrachtet, dann spielt das Tötungsverbot sicherlich keine besondere Rolle, haben diese Menschen mit dem Terror in den allermeisten Fällen überhaupt nichts zu tun. Da sich hier primär das Problem der Diskriminierung stellt, geht es vor allem um die Notwendigkeit der Wahrhaftigkeit, der Toleranz und um die Forderung nach einer gerechten Wirtschaftsordnung, sind Menschen mit Migrationshintergrund sowohl was die Bildung, als auch was die Berufschancen betrifft regelmäßig benachteiligt. Wahrhaftigkeit und Toleranz widerstreiten diskriminierenden Äußerungen.

Bei der Emanzipation der Homosexuellen spielen Wahrhaftigkeit und Toleranz sicherlich eine ähnliche herausragende Rolle, da sie der Diskriminierung im Allgemeinen widerstreiten. Dabei ergibt sich allerdings das Problem der sexuellen Freizügigkeit, das in den vier Weisungen der *Erklärung zum Weltethos* nur von Ferne anklingt, während Familie, Achtung und Partnerschaft von Mann und Frau im Vordergrund stehen. In einer säkularen und posttraditionellen Perspektive bleiben diese Formulierungen zweifellos unzureichend, da sie andere Lebensformen nicht hinlänglich berücksichtigen. Dort jedoch, wo sich Homosexuelle darum bemühen, das Recht auf Ehe und Familie zu erhalten, dort könnte auch diese Weisung die emanzipatorische Perspektive der Homosexuellen unterstützen. Das gilt auch in Hinsicht auf das Adoptionsrecht. Viele Homosexuelle wünschen sich Kinder, so dass man ihnen nicht mal nachsagen kann, sie würden die Sexualität nicht als ‚lebensbejahende Gemeinschaftsbildung' begreifen, was auf der anderen Seite allerdings einen Primat der Gemeinschaft gegenüber dem Individuum impliziert, der nicht verallgemeinerbar ist. Dabei muss man sich nicht mal auf die Bemerkung von John Dewey berufen: „Die Gesellschaft besteht aus Individuen: Diese offensichtliche und grundsätzliche Tatsache kann keine Philosophie in Frage stellen oder ändern, mit welchen Ansprüchen auf Neuheit sie auch immer auftritt."[1]

Ähnliches gilt auch für die Emanzipation der Frauen, wie sie sich im letzten Drittel des 20. Jahrhunderts in der westlichen Welt durchgesetzt hat. Die Formulierungen zur Partnerschaft von Mann und Frau der *Erklärung zum Weltethos* entsprechen dieser Wirklichkeit sicherlich nicht. Hier stehen Ehe und Familie, vor allem deren Stabilität als immer noch zentraler Lebenssinn der Einzelnen zu stark im Vordergrund. Die Ehen sind nicht mehr stabil und auch nicht sinnvoller Weise zu stabilisieren, geht es gerade bei Frauen, aber auch bei Männern gelegentlich darum, die Ehe hinter sich zu lassen. Stabilisierungsbemühungen ordnen dagegen die einzelnen einem ominösen Gattungsinteresse oder dem Rentensystem unter. Das geht letztlich primär zu Lasten der Frauen, was der FAZ-Mitherausgeber Frank Schirrmacher, der Medientheoretiker Norbert Bolz und die ehemalige Fernsehjournalistin Eva Her-

---

[1] John Dewey, Die Erneuerung der Philosophie (1920), Hamburg 1989, 231

man als selbstverständlich fordern, so dass sich letztere vielleicht nicht durch Zufall mit positiven Bemerkungen über die
NS-Familienpolitik einen Namen machte.

Wichtiger sind daher die Weltethos-Weisungen zu einer gerechten Wirtschaftsordnung und einer Kultur der Wahrhaftigkeit und der Toleranz. In der gender-gerechten Wirtschaftsordnung sind wir noch lange nicht angekommen – das zeigt die
ungleiche Entlohnung und die geringe Zahl von Frauen in
Führungspositionen. Noch immer ist die Diskriminierung von
Frauen weit verbreitet, nicht nur in manchen Bevölkerungs-
gruppen mit und ohne Migrationshintergrund. Allerdings sind
die Frauen ob traditionell oder posttraditionell massiv auf dem
Vormarsch.

Ein zentraler Konflikt mit der *Weltethos-Erklärung* entsteht
bei der Weisung der Ehrfurcht vor dem Leben. Denn dass damit das Recht der Frauen über ihr eigenes Leben gemeint sein
sollte, das erscheint doch eher unwahrscheinlich. Die in einem
zeitlich begrenzten Rahmen legalisierte Abtreibung stellt aber
für die Emanzipation der Frauen einen integralen Bestandteil
dar. Zwar kann man die Entwicklung von wirksamen und bequem anwendbaren Kontrazeptiva mit Hans Blumenberg als
Beleg dafür verwenden, dass die Wissenschaft ‚Freiheiten
verschafft', stellt das die „einzig wirklich bedeutende Veränderung des menschlichen Verhaltens in unserem Jahrhundert"
dar.[1] Doch Verhütungsmittel hat es früher auch schon gegeben
– darf man hier nur an die Hebammen, die weisen Frauen des
Mittelalters erinnern, die in der frühen Neuzeit als Hexen und
Konkurrentinnen der entstehenden Ärzteschaft ausgerottet
wurden. Vor allem standen sie der biopolitischen Anstrengung
der sich konsolidierenden Staaten im Wege, ihre Bevölkerung
zu vermehren.

Entscheidend für die eigene emanzipierte Lebensplanung ist
jedenfalls einerseits der freie ‚Gebrauch der Lüste' und ande-

---

[1] Hans Blumenberg, Beschreibung des Menschen – Aus dem Nachlass
(ca. 1976-1981), Frankfurt/M. 2006, 479

rerseits die Macht über den eigenen Bauch, die sich die Frauen auch nicht durch Gesetze nehmen lassen, zerstört eine ungewollte Schwangerschaft allzu leicht alle Entwürfe, die sich frau vorgenommen hat. Allzu leicht gerät sie dadurch wieder in die Rolle, in die sie Schirrmacher, Bolz, Herman und Teile der katholischen Kirche allzu gerne wieder zurückdrängen würden. Damit stellt sich einerseits die Frage, wann die Menschenwürde beginnt und andererseits, ob eine Güterabwägung legitim ist, in der die Lebensinteressen der Mutter mit dem Existenzanspruch des Embryo verglichen werden können. Hier stehen sich verschiedene Positionen ethisch unversöhnlich gegenüber.

Just dabei will die *Weltethos-Erklärung* auch keine Partei ergreifen, insistiert Küng in guter pragmatischer Manier darauf, dass konfrontative Probleme aus der *Weltethos-Erklärung* ausgeklammert werden. Damit entsteht aber auch ein Konflikt zwischen emanzipatorischen Perspektiven und einer globalen Ethik. Trotzdem erscheint dieser knappe Überblick doch eher zu bestätigen, dass die *Weltethos-Erklärung* emanzipatorischen Bestrebungen eher nützt als schadet, dass sie als eine ethische Unterstützung der aktuellen Emanzipationsbestrebungen betrachtet werden kann, wiewohl man die Differenzen selbstverständlich nicht übersehen sollte.

3. Emanzipation im *Projekt Weltethos*

Wenn man nun die Perspektive umdreht und nach dem Einfluss der emanzipatorischen Bewegungen auf die globale Ethik fragt, dann scheint sich das Konzept von Michael Walzer zu bestätigen: die dichte partikulare Moral birgt die dünne universelle. Aber nicht nur das. Die partikulare Ethik stellt das Fundament einer globalen Ethik dar, und zwar just jene der emanzipatorischen Bewegungen, die den Status quo verändern wollen. Traditionalisten haben zunächst eher wenig Interesse, sich mit einem globalen Ethos zu arrangieren. Ethik bedeutet für sie ja nicht eine freie selbstständige Lebensführung ihrer Bürger oder Gläubigen, sondern deren Unterordnung unter die traditionellen Werte, die diese in den Dienst der Gemeinschaft nehmen, gleichgültig ob es sich um Staat oder Kirche handelt.

Emanzipatorische Bewegungen zielen viel stärker auf die individuelle Entfaltung ihrer Mitglieder – was sogar im Nachhinein noch die Emanzipation der Bürger und der Arbeiter einholt, weswegen man die opferbereiten und bevormundenden Aktivisten radikaler Klimaschützer nicht zu den emanzipatorischen Bewegungen zählen kann. Liberale Parteien versuchen ihre Klientel von der Bevormundung durch den Sozialstaat zu befreien. Die um die Jahrtausendwende erfolgreichen Sozialdemokraten wie Tony Blair und Gerhard Schröder verstanden gemäß ihrer Vordenker wie Anthony Giddens und Ulrich Beck den Sozialstaat als Hilfe zur selbständigen Entfaltung eines eigenen Lebens. Die Frauenbewegungen haben ebenfalls ein solches Ergebnis gezeitigt, nämlich nicht dass sich feministische Ideen besonders ausgebreitet hätten, sondern dass Frauen ihr eigenes Leben selber gestalten. Indem sie aus ihrer Unterwürfigkeit heraustreten, individualisieren sie sich, d.h. sie verharren zumindest tendenziell nicht mehr in den ihnen zugewiesenen Rollen, um primär welche Gemeinschaft auch immer zu reproduzieren. Sie unterminieren damit zumindest unterschwellig jene kämpfenden Gemeinschaften, die nach Carl Schmitt den Naturzustand zwischen den souveränen Staaten munitionieren. Dadurch tragen Emanzipationsbewegungen immer wieder ihren Teil dazu bei, dass die Ethik ihren gruppenkonstituierenden Charakter verliert.

Stattdessen dient die partikulare Ethik zunehmend den Individuen selbst, um ihr eigenes Leben aufzubauen, ihre eigene Identität selber zu gestalten. Michel Foucault, einer der ersten berühmten Aids-Toten, diagnostiziert in den ersten Jahrhunderten neuer Zeitrechnung eine sich ausbreitende *Sorge um sich*, die sich noch nicht dem Christentum verdankt. Denn jene antiken Römer suchten sich selber einzelne ethische Normen und Werte zusammen, die ihnen dazu zu taugen schienen, ihr eigenes Selbst zu konstituieren und zu schützen. Sie unterwarfen sich noch nicht einem einheitlichen Code, der ihnen vorschrieb, wie sie ihr Leben zu führen hatten, der sie zugleich in den Dienst der Stifter dieses Codes nahm, heißen diese nun Paulus oder Jesus von Nazareth. Der antike Mensch versuchte zwar gelegentlich die Glücksgöttin Fortuna zu bezirzen. Doch er war noch kein Diener Gottes, kein Schaf, das sich vom Hirten, dem Pastor, lenken ließ. Daraus folgert Foucault für die Moderne die Notwendigkeit einer Ästhetik der Existenz, also einer Ästhetisierung der Existenz als Ethik. Daraus folgert Gianni Vattimo, dass man seine eigenen Interessen und Bedürfnisse gegenüber anderen so ästhetisieren soll, dass sie für andere akzeptabel und dadurch realisierbar werden. Dabei widerspricht er dem Vorwurf der Manipulation. Denn diese Ästhetisierung wirkt auf die Leidenschaften mäßigend zurück wie in der klassischen Ästhetik. Zudem konstatiert Vattimo gegen Habermas: „Wenn wir mit der Übernahme des nihilistischen Geschicks unserer Epoche zu Kenntnis nehmen, dass wir über kein letztes Fundament verfügen, wird jede mögliche Legitimation des gewaltsamen Übergriffs gegenüber dem Anderen aufgehoben."[1] Dasselbe gilt für die gemeinsame stabile Ontologie, die Habermas für die Demokratie für notwendig hält, die es nur leider nicht mehr gibt, lässt sich diese auch nicht durch wissenschaftliche Expertisen herstellen.

Das bedeutet allerdings keineswegs, dass weltethische Kernnormen dabei keine Rolle mehr spielen würden. Im Gegenteil, zur Selbstkonstitution der eigenen Existenz gehört bei den Homosexuellen, den Frauen, den Arbeitern und den Bürgern ein selbstbewusster und emanzipatorischer Umgang mit der Sexualität bzw. den Lüsten, der nicht auf die Unterdrückung und Diskriminierung anderer abzielt, wiewohl dergleichen überall passiert, sogar in der Katholischen Kirche. Die vierte Weisung der Weltethos-Erklärung über den partnerschaftlichen Umgang von Mann und Frau reflektiert also offenbar auch

---

[1] Gianni Vattimo, Gedanken zur Ethik; in: Schönherr-Mann (Hrsg.), Hermeneutik als Ethik, München 2004, 178

solche Anstöße, unter anderem jene durch die Frauenemanzipation.

Ähnliches kann man vermutlich über die Weisung zu einer gerechten Wirtschaftsordnung feststellen. Hier wirkt wohl vor allem die Sozialbewegung des 19. Jahrhunderts und der sozialistische Kampf gegen die Ausbeutung nach. Auch die Emanzipation der Frauen spielt dabei eine wichtige Rolle. Anscheinend aus diesem Grund haben sich in der *Weltethos-Erklärung* doch keine kollektivistischen Ideale durchgesetzt, sondern die sozialliberalen, wie sie beispielsweise von John Rawls vertreten werden.

Auf dieser Ebene findet denn auch ein großer Teil des Konflikts der Kulturen statt, der sich ja unter anderem an der ökonomischen Hegemonie des Westens gegenüber den anderen Welten entzündet. Insofern kann man die Emanzipation der Zuwanderer einerseits als Konflikt der Kulturen begreifen, der andererseits um eine Verbesserung der sozialen Lage der Menschen mit Migrationshintergrund geführt wird. Die Einwanderung hat zu multikulturellen Gesellschaften geführt, in denen jetzt Menschen mit verschiedenen Religionen und Kulturen als Nachbarn zusammen leben. Der Verlust an kultureller Identität, der auch die Einheimischen betrifft, kann sicherlich zu Exzessen führen, wie sie die Nazis verübten. Der Rassismus schreibt sich fort.

Andererseits aber löst der Kulturverlust soziale Bindungen auf, damit die Unterordnung unter Traditionen wie Familien und Religionen, individualisiert die Menschen, so dass sie just eine Ethik für sich selbst nötig haben, um sich selber zu konstituieren. Diesem zweifellosen Zwang sehen sich die meisten gleichermaßen gegenüber – stellen Individualisierungsprozesse nun mal – so der münchner Soziologe Ulrich Beck – keine schlichten Befreiungen, sondern gleichzeitig massive Zwänge dar.

Trotzdem gleichgültig ob durch solchen Zwang oder durch Freiheit, entsteht durch diese Emanzipationsbestrebungen ein ethisches Bindeglied zwischen Menschen unterschiedlicher

Provenienz und Orientierung, sieht man die Unterschiede zu den Mitbürgern in New York, London, Berlin oder Istanbul nicht mehr als so gravierend an, ja man fühlt sich diesen womöglich näher als einer ländlichen Bevölkerung im benachbarten Umland. Das gilt natürlich besonders für die Menschen mit Migrationshintergrund, die über mehrere qualitativ unterschiedliche Verbindungen verfügen. Just die zweite Weisung der *Weltethos-Erklärung* die „Verpflichtung auf eine Kultur der Solidarität und eine gerechte Wirtschaftsordnung"[1] verdankt sich also anscheinend ebenfalls der Inspiration durch Emanzipationsprozesse, besonders jenen, die im Konflikt der Kulturen stattfinden.

Dasselbe gilt auch für die dritte Weisung zur Wahrhaftigkeit und Toleranz. Wie ich schon zuvor ausführte, steht diese in einem engen Bezug, der jeder Form der Diskriminierung widerstreitet. Zwar kann man Emanzipation in postmoderner Perspektive nicht mehr als die Entfaltung des wahren Wesens verstehen, als ontos on, als das, was einer wirklich ist, also eine Frau, ein Schwarzer, eine Lesbierin, eine Türkin in Deutschland, ein Homosexueller. Nachdem die Lebensformen optional werden und daher erst zu gestalten sind, geht es emanzipatorisch nicht um den wahren Kern, aber darum, dass die Wahrheit in dieser Gestaltung liegt. Wahrhaftigkeit heißt dann, zu bekunden, dass man das, was man macht, selber auch will und somit alleine zu verantworten hat und man anderen dafür nicht die Schuld in die Schuhe schieben kann.

Die erste Weisung, die „Verpflichtung auf eine Kultur der Gewaltlosigkeit und der Ehrfurcht vor dem Leben" hat zwar sicherlich eine christliche Inspiration. Doch Gewaltlosigkeit eignet der Geschichte der großen Religionen nicht gerade. So spiegelt sich hier wohl auch der Geist weltweiter pazifistischer Bewegungen und das in den letzten Jahrzehnten ebenfalls global verbreitete Umweltbewusstsein. Inwieweit es sich hierbei

---

[1] Parlament der Weltreligionen, Erklärung zum Weltethos; in: Küng (Hrsg.), Dokumentation zum Weltethos, 2002, 27

um emanzipatorische Bewegungen handelt, wäre erst noch zu klären. Insgesamt jedoch haben die Bürger in praktisch allen Staaten notorisch darunter gelitten, dass sie ihren Staaten als Soldaten dienen mussten. Sich davon zu emanzipieren, dazu haben auch die diversen Antikriegsbewegungen beigetragen, beispielsweise die globale Antivietnamkriegsbewegung. Freilich scheint das im Zuge des Ukraine-Kriegs ziemlich unter die Räder gekommen zu sein. Heute leiden die Menschen unter mangelhaften Umweltpolitiken ihrer Staaten, so dass durchaus darüber nachzudenken wäre, die Natur in diese Emanzipationsprozesse mit hineinzunehmen, und zwar im Geiste des *Projekts Weltethos*: „Ehrfurcht vor dem Leben", genauer der Natur.

4. Weltethos und individuelles Handeln

Es darf also auch nicht verwundern, warum die Idee einer globalen Ethik nicht schon vor Jahrhunderten aufkam. Sie konnte erst entstehen, als Ethik nicht mehr nur Unterordnung der Menschen unter ihre jeweilige Gemeinschaft bedeutete, sondern sich mit dem Anspruch auf Mündigkeit individuelle Selbständigkeit und autonome Sittlichkeit jenseits der Gemeinschaft entwickeln. Das verbindet viele Menschen in der Welt miteinander. Hierbei ist auch ein neues Bewusstsein entstanden, dass sich das Individuum nicht mehr nur hilflos den großen Entwicklungen gegenüber sieht und bestenfalls auf einen starken Staat in seinem Sinne hoffen darf.

Dass man sich auflehnen kann im Angesichts der Aussichtslosigkeit, das erlebten und skizzierten Sartre, de Beauvoir und Camus unter deutscher Besatzung. Dass man damit auch Erfolg haben kann, das erlebten die Frauen der letzten Jahrzehnte, heute die Schwulen, zuvor die Afro-Amerikaner in den USA, eine Erfahrung, die viele Zuwanderer noch machen müssen, nicht wenige aber bereits gemacht haben. Nicht zuletzt aber hat die Umweltbewegung der letzten Jahrzehnte demonstriert, dass man wirklich etwas tun kann. Wenn der Staat, so Thomas Hobbes 1651, nicht in der Lage ist, das Leben seiner Bürger zu schützen, dann müssen die Bürger sich selber schützen. Wenn der Staat keine gesunden Lebensmittel gewährleistet und dadurch zumindest subjektiv – aber das ist für Hobbes durchaus relevant – das Leben der Bürger gefährdet, dann muss der Bürger das selber in die Hand nehmen, wie es seit den siebziger Jahren geschieht. Und was kommt dabei heraus: Biokost und ökologischer Landbau und man kann sich dabei obendrein dünken, wirklich selber die Welt zu retten.

Doch das ist durchaus ernst zu nehmen. Hegel insistiert in den zwanziger Jahren des 19. Jahrhunderts darauf, dass uns das Interesse an einer „wirklichen individuellen Totalität und lebendigen Selbständigkeit"[1] nicht verlassen mag, obgleich wir in geordneten Verhältnissen leben, in denen man nur noch den Gesetzen gehorchen darf. So war bereits mit Kant die Ethik in die Innerlichkeit der moralischen Willensbestimmung verwiesen, der es nicht mehr um das Handeln geht, verabschiedet das 19. Jahrhundert die Ethik als weitgehend belanglos, kommt es nur auf die äußeren Rechtsverhältnisse an, denen sich der einzelne aber ausgeliefert sieht.

Als die Ethik dann etwa in den siebziger Jahren des 20. Jahrhunderts eine Renaissance erlebte, ging es weiterhin primär um Normen, die die Zeitgenossen einzusehen und somit freiwillig zu befolgen hätten. Von Tugenden ist bis heute dabei eher selten die Rede. Tugenden hat die christliche Ethik zu primär passiven Haltungen reduziert, man denke an Keuschheit, Demut und Treue. Gerade diese Tugenden darf man getrost als den Höhepunkt des Werteverfalls bzw. der Umwertung der Werte im Sinne Nietzsches bezeichnen. Anstatt vielfältiger Gebrauch der Lüste, passiver Verzicht! Dabei waren die Tugenden bei Aristoteles alles andere als passiv. Tugend bedeutet vielmehr das zu Tuende, heißt Tugend Handeln und erzeugt dadurch gleichzeitig Glück. Aber der Bürger sollte ja seit dem 19. Jahrhundert nicht mehr selbständig handeln, sondern nur

---

[1] G.W.F. Hegel, Vorlesungen über die Ästhetik I (1822-32), Theorie Werkausgabe Bd. 13, Frankfurt/M. 1970, 255

gehorchen bzw. seit der Einführung des Christentums als Staatsreligion im Römischen Reich einem Code folgen.

Dass sich hier etwas geändert hat, das indiziert auch die *Weltethos-Erklärung*, die nämlich keine Normen, sondern Tugenden in den Vordergrund stellt. Mögen Gewaltlosigkeit und Ehrfurcht noch christlich passiv klingen. Sie verdanken sich in den letzten Jahrzehnten emanzipatorischen Kämpfen. Dasselbe gilt für die Solidarität, mag diese Bertolt Brecht auch noch arg kollektivistisch besungen haben, soll sich doch der Arbeiter in die Arbeitereinheitsfront einreihen. Toleranz und Wahrhaftigkeit sind dagegen aktive Tugenden. Wahrhaftigkeit formuliert sich nicht als Gebot, nicht zu lügen. Wahrhaftigkeit verlangt vielmehr die Lüge, wenn sie geboten ist, eine hoch aktive und hoch reflexive Angelegenheit, die sehr anstrengend werden kann, der man trotzdem nicht entgeht, jedenfalls spätestens seit der Einsicht Lacans, dass wir gerade mit der Wahrheit häufig lügen – man denke an den berühmten Satz ,Yes, we can', musste man schließlich allzu schnell einsehen, dass das nicht stimmt. Gleichberechtigung und Partnerschaft sind ebenfalls emanzipatorische Tugenden par excellence. Hans Küng hat also mit dem *Projekt Weltethos* nicht nur die Weltreligionen verbunden, sondern vor allem auch die emanzipatorischen Bewegungen der letzten Jahrhunderte reflektiert. Die *Weltethos-Erklärung* fordert damit nicht nur den Frieden zwischen den Religionen, sondern zeugt auch für die mündige und handelnde Bürgerin, die sich nicht mehr als Schaf behandeln lässt.

III. KAPITEL

WELTETHOS ALS ERWEITERTE VERNUNFT

Was hat die Philosophie zu einer globalen Ethik beizutragen? In *Die fröhliche Wissenschaft* schreibt Nietzsche: „*Der tolle Mensch.* – Habt ihr nicht von jenem tollen Menschen gehört, der am hellen Vormittage eine Laterne anzündete, auf den Markt lief und unaufhörlich schrie: ‚Ich suche Gott! Ich suche Gott!‘ – Da dort gerade Viele von Denen zusammen standen, welche nicht an Gott glaubten, so erregte er ein grosses Gelächter. Ist er denn verloren gegangen? Sagte der Eine. Hat er sich verlaufen wie ein Kind? Sagte der Andere. Oder hält er sich versteckt? Fürchtet er sich vor uns? Ist er zu Schiff gegangen? Ausgewandert? – so schrien und lachten sie durcheinander. Der tolle Mensch sprang mitten unter sie und durchbohrte sie mit seinen Blicken. ‚Wohin ist Gott?‘ Rief er, ich will es euch sagen! *Wir haben ihn getötet,* – ihr und ich! Wir Alle sind seine Mörder!‘“[1] Martin Heidegger bezeichnete Nietzsche ob dieser Worte als den letzten, Gott suchenden deutschen Denker.

Offenbar nimmt der tolle Mensch den Gott ernster als seine Mitmenschen. In der Tat rollten seit dem 18. Jahrhundert verschiedene Säkularisierungswellen über Europa, die wie sonst nirgendwo auf der Welt die Entwicklung einer säkularen aufgeklärten Kultur beförderten. Viele ihrer Vertreter sehen die Lage des Menschen auf der Welt mit oder ohne Gott indes im

---

[1] Friedrich Nietzsche, Die fröhliche Wissenschaft (1881-82), Kritische Studienausgabe (KSA) Bd. 3, München, Berlin, New York 1999, Nr. 125 480

Sinne einer hermeneutischen Ontologie kaum verändert. Für sie leben die Menschen weiterhin in der wahren Wirklichkeit, die diese richtig erkennen können. Sie folgen ethischen Orientierungen, die entweder durch die Tradition, also aristotelisch oder durch die Vernunft, also kantianisch hinlänglich begründet sind. Zur ersten Gruppe darf man Hegel, Marx und Ernst Bloch zählen. Zur zweiten gehören der frühe John Rawls und Karl-Otto Apel. Just diese Vertreter der Moderne interessieren sich weder besonders für Gott, noch dafür, was dadurch ontologisch passierte, dass sie die Welt ohne eine Gottesvorstellung entwarfen. Das stellt sich ihnen ja auch kaum als Problem. Gleichzeitig neigen Vertreter eines derartigen konsequenten Rationalismus – und hier würde ich Marx, Russell, Adorno und Apel in einem Atemzug nennen – zu einer gewissen Arroganz gegenüber den Gläubigen. Nicht zuletzt daher hat sich der Konflikt zwischen religiösen und säkularen Welten unnötig verschärft, wie Nietzsche ja an der o.a. Stelle bekräftigt. Das viele Volk besteht philosophisch genau aus den gerade genannten, ließen sich hier aber bequem noch viele Vertreter der sprachanalytischen Philosophie, des Marxismus wie des Existentialismus hinzuzählen.

1. Die fabelhaft gewordene Welt

Was aber haben jene Gottesmörder mit ihrer Tat bewirkt? Nietzsche schreibt weiter: „Aber wie haben wir dies gemacht? Wie vermochten wir das Meer auszutrinken? Wer gab uns den Schwamm, um den ganzen Horizont wegzuwischen? Was taten wir, als wir diese Erde von ihrer Sonne losketteten?" Aus platonischer Perspektive, genauer aus der Perspektive einer Ethik als erster Philosophie diagnostiziert die zweite Frage den Verlust gemeinsamer oberster Werte. Aus aristotelischer oder galileischer Perspektive, als ausgehend von einem verstehbaren, einheitlichen Kosmos, einem Universum, keinem Pluriversum konstatiert die dritte Frage eine Schwächung der stabilen Strukturen des Seins. Heute schließen daran vornehmlich Vertreter der postmodernen Philosophie an, dezidiert Gianni Vattimo oder Jean-François Lyotard. Sie gehen ähnlich wie William James oder Michel Foucault von pluralistischen Strukturen in der Ethik, aber auch in der Ontologie aus, von keinen festen Einheiten, sondern von permanenten Veränderungen bzw. Prozessen, was gerade auch für die Sprache selbst gilt.

Doch stehen sie damit nicht auf verlorenem Posten, angesichts des immensen Wissens, das die Wissenschaften beispielsweise über die Klimaerwärmung zusammen getragen haben? So bezweifeln die meisten Menschen wohl kaum die überwältigende Macht der sie umgebenden Realität, während die Ingenieure und Baumeister die Welt performativ entwerfen bzw. dabei streng nach der Devise von Marx vorgehen: „Die Philosophen haben die Welt nur verschieden interpretiert, es kömmt darauf an, sie zu verändern." [1] Dieser Satz setzt indes selbst eine Interpretation der Welt voraus.

Was dabei die Mehrheitsmeinung betrifft, so können sich postmoderne Philosophen durchaus auf Willard van Orman Quine berufen, der bemerkt: „Nicht alles, was philosophisch wichtig ist, braucht für den Laien von Interesse zu sein, selbst wenn es klar dargelegt und in Reih und Glied vorgetragen wird. (. . .) und ich sehe auch nicht ein, weshalb vieles von dem, was mich in der Philosophie beschäftigt, den Laien bekümmern sollte."[2] Wenn man diese Aussagen leicht gegen ihren Autor und die Intention seiner Schule verwendet, und wenn die wahre Welt zur Fabel geworden ist – ein Ausdruck Nietzsches aus der *Götzendämmerung* – dann verliert der missionarische Ehrgeiz sein Fundament. Wie fragt Nietzsche am 10.6.1887 im *Lenzer Heide Fragment*: „Welche werden sich als die *Stärksten* dabei erweisen? Die Mäßigsten, die, welche keine extremen Glaubenssätze *nötig* haben, die, welche einen guten Teil Zufall, Unsinn nicht nur zugestehen, sondern lieben, die welche vom Menschen mit einer bedeutenden Ermäßigung

---

[1] Karl Marx, Thesen über Feuerbach (1845), Marx Engels Werke (MEW) Bd. 3, Berlin 1969, 7

[2] Willard van Orman Quine, Theorien und Dinge (1981), Frankfurt/M. 1985, 233

seines Wertes denken können, ohne dadurch klein und schwach zu werden."[1]

Mag sich diese These von der fabelhaft gewordenen Welt denn auch verteidigen lassen – man denke an die Relativitätstheorie, die Quantenmechanik, die Grundlagenkrise der Mathematik, etc. Doch dass es keine gemeinsamen obersten Werte mehr gibt, das hat spätestens Hans Küngs *Projekt Weltethos* widerlegt, indem es das Tötungsverbot, das Gebot der Wahrhaftigkeit, das Prinzip der sozialen Gerechtigkeit und das sexuelle Diskriminierungsverbot in allen großen Weltreligionen nachgewiesen hat, was durchaus einem empirischen Aufweis entspricht. Zudem darf man wohl hinzufügen, dass säkulare Kreise diese Prinzipien ebenfalls akzeptieren. Diese Normen finden also eine weit verbreitete Anerkennung, was ihnen Geltung verschafft, so dass man doch darauf insistieren kann, dass sogar die gesamte Menschheit gemeinsame oberste Werte besitzt. Das sagt allerdings noch nichts über ihre Anwendung aus, und schon gar nichts über ihre Begründung, werden diese Normen doch aus sehr unterschiedlichen Motiven heraus anerkannt, bemühen sich Rationalisten beispielsweise um eine ausführliche Begründung, während sich die Vertreter von Religionen zumeist mit dem sparsamen Hinweis auf ihren jeweiligen Gott begnügen – mehr nicht, kein besonders plausibles Argument angesichts der Vielzahl von Göttern in der Geschichte – und das sogar für eine absolute Begründung halten.

Steht die These Nietzsches, dass Gott tot ist, somit trotzdem in einem fundamentalen Gegensatz zu jeder Bemühung den Dialog der Kulturen dadurch zu befördern, dass man sich auf gemeinsame ethische Werte zu besinnen versucht?

Zunächst könnte man jedoch versucht sein, Nietzsches These auf zweierlei Art zu verteidigen. Erstens gibt es natürlich Gruppen, die diese Gebote mindestens stark einschränken, vor allem der Rassismus, der Nationalsozialismus, der Totalitarismus im allgemeinen und besonders bestimmte Spielarten des religiösen Fundamentalismus. Außerdem gibt es eine Linie von

---

[1] Nietzsche, Nachlass, KSA Bd. 12, 217

Platon über Machiavelli und Leo Strauss bis zu Hans Jonas, die die Lüge unter bestimmten Umständen für legitim hält oder die Wahrheit für inadäquat. Im Dienst der Stabilisierung des Staates oder um das Überleben der Menschheit zu gewährleisten, dürfen Politiker durchaus lügen. Aber auch jenseits der Politik belastet, die Wahrheit zu sagen, in der Tat manchmal andere sinnlos, erscheint zu lügen oder zumindest zu schweigen vernünftiger, im Grunde moralischer, ohne dass man sich dabei mit dem Topos Notlüge herauszureden braucht. Doch selbst wenn man gelegentlich den Eindruck gewinnt, dass Politikeräußerungen zumeist das Gegenteil dessen intendieren, was sie sagen und – das ist das Paradoxe daran – die Welt damit gar nicht so schlecht fährt – was für die angeführten vier spricht –, kann man sich trotzdem keine Gesellschaft der notorischen Lügner vorstellen, will man schließlich nicht ständig belogen werden. Daher ändert dieser Hinweis auf die Nichtbeachtung von weltethischen Kernregeln als Einwand wenig daran, dass die überwiegende Mehrheit der Menschen, diese Prinzipien des Weltethos offenbar für sinnvoll hält.

Die zweite Verteidigungsstrategie zielt darauf ab, dass auch die Mehrheit, die diese Prinzipien akzeptiert, sie keineswegs immer und überall anwendet. Auch eine liberale US-Regierung griff in den Krieg in Bosnien ein und führte den Krieg im Kosovo. Doch dieser Einwand stellt nicht die Anerkennung dieser Prinzipien durch die übergroße Mehrheit der Menschen in Frage. Man muss nur deutlich unterscheiden zwischen Anerkennung und der daraus folgenden Geltung von ethischen Prinzipien und ihrer konkreten Anwendung in einzelnen Situationen durch jene, die die Regeln für sich gelten lassen. Wenn die Geltung insoweit kaum in Frage steht, dann ergibt sich als Aufgabe für die Philosophie, dazu beizutragen, die Anwendung weltethischer Kernnormen zu befördern.

Damit erlebt jedenfalls nicht nur Nietzsches Position eine massive Erschütterung, sondern auch die der postmodernen Philosophie, die schließlich die Universalität von ethischen Prinzipien in Frage stellt und sich stattdessen mit speziellen Moralitäten bescheidet. Denn die Menschheitsentwicklung versteht Jean-François Lyotard im Anschluss an Darwin und Freud als ein Produkt der vielen Zufälle, die sich unter kein allgemeines Prinzip subsumieren lassen. Haben beide philosophische Positionen somit im Grunde nichts zu einer globalen Ethik beizutragen? Oder lässt sich durch diese Philosophien die Anwendung weltethischer Kernnormen trotzdem befördern? Letzteres erscheint eher abwegig.

2. Vernunft und Religion

Lassen sich dann wenigstens andere philosophische Ansätze ausmachen, die konstruktiv ein Weltethos unterstützen? Dieses Faktum der vergleichsweise allgemeinen Anerkennung weltethischer Kernnormen stärken in der Tat nicht nur die religiöse Position, sondern gleichermaßen jene eines konsequenten Rationalismus in der Tradition der Aufklärung. In der 2009 erschienenen fünfbändigen Ausgabe *Philosophischer Texte* von Jürgen Habermas aus den letzten drei Jahrzehnten spielt die Religion nicht nur in Band 4 eine wichtige Rolle. Die beiden letzten von insgesamt fünf Teilen des fünften und somit abschließenden Bandes widmen sich gleichfalls dem Thema Religion. So stellt für Habermas die Wiederkehr der Religion in der Konfrontation mit großen säkularen Teilen der Gesellschaft die Herausforderung an den liberalen Staat dar, unter welchen Bedingungen man sich gegenseitig achten und auf welche gemeinsamen rechtlichen und ethischen Grundnormen man sich einigen kann. Ergibt das nicht die eigentliche philosophische Perspektive einer globalen Ethik?

In einem bisher unveröffentlichten Aufsatz dieser Edition unter dem Titel „Die Revitalisierung der Weltreligionen – Herausforderung für ein säkulares Selbstverständnis der Moderne?" geht Habermas zunächst der Frage nach, inwieweit sich die gängige Säkularisierungsthese aufrechterhalten lässt. Sie setzt voraus, dass die Welt weiter entzaubert wird, dass Religionen Einfluss auf Recht, Politik, Kultur und Erziehung verlieren, dass der steigende Wohlstand die existentielle Sicherheit erhöht, so dass das Interesse an jenseitiger Kontingenzbewältigung schwindet.

Dieser Säkularisierungstheorie wird indes zunehmend widersprochen und sogar ihr Ende proklamiert. Denn die Säkularisierungswellen beschränken sich auf Europa, Kanada, Australien und Neuseeland und so erscheint Max Webers okzidentaler Rationalismus und die mit ihm verbundenen Prozesse der Rationalisierung von Staat, Wirtschaft und Gesellschaft beinahe schon als europäischer Sonderweg, der nicht erst in Iran, sondern bereits in den USA seine Wirkung nicht mehr entfaltet.

Doch gleichgültig wie man die Zukunft des Säkularismus einschätzen mag, angesichts der Globalisierung begegnen sich die unterschiedlichen Kulturen weltweit und lokal und verflechten sich auch zunehmend ineinander. Zwar erweist sich die Weltgesellschaft als überall kulturell gespalten und just daher auf Kooperation international und lokal angewiesen. Das führt bereits zu einer zunehmenden Verrechtlichung der internationalen Beziehungen, aber auch zu nationalen Zwängen der Anerkennung von Menschenrechten, von Minderheitenrechten, gleichgültig ob ein ethischer oder ein religiöser Hintergrund dabei vorliegt.

Angesichts dessen erscheint für Habermas die Säkularisierung in einem ganz anderen Licht. Letztlich begreift Habermas den Rationalismus, der in der Tat seine Hybris abbauen muss, wenn er einsieht, dass er sich nicht mehr auf eine fortschreitende Säkularisierung verlassen kann, trotzdem als eine Vermittlungsinstanz zwischen den miteinander in Konflikt liegenden Kulturen. Habermas schreibt: „In unserem Zusammenhang sind vor allem die *kognitiven Voraussetzungen* interessant, die für das Gelingen einer interkulturellen Verständigung über Grundsätze der politischen Gerechtigkeit für eine multikulturelle Weltgesellschaft erfüllt sein müssen. (. .) Diese kognitiven Voraussetzungen zeichnen *im Ergebnis* eine weltanschaulich neutralisierte und in diesem Sinne säkulare Ebene der Verständigung aus. Unter diesem Gesichtspunkt nimmt die Säkularisierungsdiskussion eine andere Richtung."[1] Just die okzidentale Vernunft soll den Konflikt der Kulturen befrieden helfen.

Der interkulturelle Dialog braucht somit für Habermas wie die Beförderung der Anwendung weltethischer Kernnormen letztlich eine säkulare Ebene, auf der die Grundsätze der politischen Gerechtigkeit diskutiert werden können. Denn es kommt dabei darauf an, ob Gerechtigkeit zwischen den Kulturen oder auch Nationen möglich ist, oder ob sogenannte Realisten wie Carl Schmitt damit rechtbehalten, dass die Inkommensurabilität der Weltbilder die Gerechtigkeit allein der Macht preisgibt.

Dagegen bezieht sich Habermas auf den übergreifenden Konsens, wie ihn der späte John Rawls ausarbeitet. Unter pluralistischen Bedingungen kann sich die Konzeption der Gerechtigkeit nicht auf eine bestimmte Vorstellung des Guten, auch nicht auf das liberale Ideal der wohlgeordneten Gesellschaft stützen. Rawls' Gerechtigkeitskonzeption versucht daher den Rahmen eines vernünftigen Pluralismus abzustecken, bzw. fragt danach, welche Weltanschauungen kooperationsbereit und somit vernünftig sind. Vernünftige umfassende Lehren sollen sich nicht nur damit zufrieden geben, andere zu tolerieren, sondern selber einen übergreifenden Konsens wünschen. Aus ihrer jeweiligen Konzeption des Guten heraus erachten sie einen übergreifenden Konsens für notwendig, gerecht und gut.

Sowohl vernünftige Weltanschauungen als auch Rawls' Konzeption eines politischen Liberalismus verstehen dann den übergreifenden Konsens nicht als notwendiges Übel, sondern als eine positive moralische Chance, um die pluralistischen gesellschaftlichen Verhältnisse zu stabilisieren. „Indem wir eine politische Gerechtigkeitskonzeption so anlegen," schreibt Rawls, „dass ein übergreifender Konsens über sie möglich ist, passen wir sie nicht der existierenden Unvernunft an, sondern dem Faktum eines vernünftigen Pluralismus, das selbst das

---

[1] Jürgen Habermas, Die Revitalisierung der Weltreligionen; in: ders. Kritik der Vernunft, Philosophische Texte Bd. 5, Frankfurt/M. 2009, 398

Ergebnis des freien Gebrauchs der menschlichen Vernunft unter Bedingungen der Freiheit ist."[1]

Dabei bleibt für Habermas ein Unterschied zwischen religiöser und säkularer Argumentation jedoch bestehen: Religionen ziehen die Kraft für Argumente, sich auf einen übergreifenden Konsens einzulassen, letztlich aus ihren eigenen Systemen des Glaubens. Rawls geht ja davon aus, dass vernünftige umfassende Lehren den Vorteil einsehen, den sie selbst dabei haben, nämlich ungestört ihre jeweiligen Weltvorstellungen pflegen zu können. Dagegen besitzt für die säkulare Position die Vernunft eine autonome Autorität, die nicht durch eigene Vorteile unterstützt wird, die eher – so könnte man das im Anschluss an Max Weber beschreiben – einen protestantisch motivierten Zweck an sich selbst besitzt, gibt es schließlich im Sinne von Kants protestantischem Rationalismus keinen angebbaren Weg, wie man notwendigerweise von der Tugend zur Glückseligkeit gelangt.

Trotz dieser Konsequenz, die in einen philosophisch begründeten Liberalismus führt, den der späte Rawls mit dem übergreifenden Konsens gerade vermeiden möchte, darf nach Einschätzung von Habermas ein konsequenter Rationalismus nicht säkularistisch ausarten und den religiös orientierten Zeitgenossen die Fähigkeit zu einer humanen Partizipation an den Problemen der Weltgesellschaft bestreiten. Habermas erkennt an, dass die Philosophie in der Tradition der Aufklärung viele, vor allem ethische Orientierungen der religiösen Tradition verdankt. „Die polemische Stellung der Aufklärung zur weltlichen Macht der Religion täuscht darüber hinweg," so Habermas, „dass sich das nachmetaphysische Denken Gehalte aus der jüdisch-christlichen Überlieferung kritisch anverwandelt hat, die nicht weniger wichtig sind als das Erbe der Metaphysik. Der Umstand berührt nicht den säkularen Charakter dieses Denkens, was sich schon aus einer anthropozentrischen Umkehrung der theozentrischen Blickrichtung ergibt. In unserem Zusammenhang ist der andere Umstand relevant, dass die prak-

---

[1] Rawls, Politischer Liberalismus (1993), Frankfurt/M., 1998, 232

tische Philosophie auf der Grundlage eines methodischen Atheismus aus erlösungsreligiösen Offenbarungswahrheiten kognitive Gehalte geborgen und in eigene Argumentationen einbezogen hat. Als ‚kognitiv‘ gelten diejenigen semantischen Gehalte, die sich in einen vom Sperrklinkeneffekt der ‚Offenbarung‘ entriegelten Diskurs ‚übersetzen‘ lassen. In diesem Diskurs zählen nur ‚öffentliche‘ Gründe, also solche, die grundsätzlich auch jenseits einer partikularen Glaubensgemeinschaft überzeugen können."[1]

Die Inspiration, die säkulares Denken von der Religion erfährt, ändert für Habermas indes nichts an der Differenz zwischen Religion und Philosophie. Religiöses und philosophisches Denken unterscheiden sich nämlich weiterhin dort, wo es um die Begründung von Wahrheit und um die Anerkennung von Autoritäten und Lehrsätzen geht. So wird die Philosophie nach Habermas auf der Differenz von Glaubensgewissheiten und wissenschaftlicher Erkenntnis auch weiterhin bestehen. Doch sie sollte die Religion nicht als unvernünftig disqualifizieren, ihr vielmehr die Türe zum gemeinsamen vernünftigen Diskurs öffnen. „Der Glaube", so Habermas, „behält für das Wissen etwas Opakes, das weder verleugnet, noch bloß hingenommen werden darf. Die säkulare Vernunft besteht auf der Differenz zwischen Glaubensgewissheiten und öffentlich kritisierbaren Geltungsansprüchen, enthält sich aber einer Theorie, die über Vernunft und Unvernunft der Religion im ganzen urteilt."[2]

Damit hat Habermas, zwar hinter Rawls zurückfallend, indem er weiterhin an einer Vernunft als Selbstzweck festhält, doch zumindest das halbe Problem erkannt, nämlich die sich daraus speisende Arroganz des konsequenten Rationalismus bzw. einer konsequenten Vernunft gegenüber religiösen Positionen, eine Arroganz, die den Dialog natürlich versperrt – die allerdings häufig von beiden Seiten aufgeführt wird. Das wiedererwachte Selbstbewusstsein der Religionen gegenüber den

---

[1] Habermas, Die Revitalisierung der Weltreligionen, 405
[2] Ebd., 407

säkularen Teilen der Bevölkerung führt gleichfalls zu Anspruch heischenden Interventionen ihrerseits, möchte der Katholizismus anderen Menschen die Abtreibung und am liebsten noch die Anti-Baby-Pille verbieten oder ein fundamentalistischer Islam von anderen Menschen Achtung für seinen Gott verlangen, fordert man ja säkular schließlich auch von keinem Moslem Achtung vor Sokrates, Locke und Russell oder vom Katholizismus die Aufhebung des Zölibats der Priester und Mönche. Habermas kommt mit seinem vorsichtigen Agnostizismus den Religionen jedoch einige Schritte entgegen. Aber reichen diese wirklich aus? Und sollte man andererseits nicht auch manche Rücksichtnahme von Vertretern der Religionen erwarten?

3. Kommunikative Vernunft

Woher soll die Bescheidenheit des konsequenten Rationalismus kommen? Wie kann er die Anwendung der weltethischen Kernnormen befördern, wie vor allem auch den umgreifenden Konsens, dem es ja gerade darum geht, eine für verschiedene Weltanschauungen vertrauenswürdige Vermittlungsinstanz zu schaffen? Die Anerkennung der Vernunft als einer autonomen Instanz im Sinne eines öffentlichen Vernunftgebrauchs erhebt gerade als eine Vermittlungsinstanz im Konflikt zwischen den Weltanschauungen und Religionen weiterhin einen Anspruch der Überlegenheit und wird schwerlich – außer bei tendenziell säkular eingestellten Vertretern von Religionen – auf Wohlwollen stoßen. Im Grunde verlangt man weiterhin, dass die Begründung dieser Vernunft als zentrale Instanz der Vermittlung Anerkennung findet, geht es Habermas ja letztlich um die Vernunft als Vermittlungsinstanz, nicht um die Einsichtsfähigkeit anderer Menschen, die nicht einem konsequenten Rationalismus anhängen. Das aber lässt sich höchstens aus der Perspektive der Vernunft selbst begreifen und wird schon in den skeptischen Kreisen im Anschluss an Nietzsche und die poststrkturalistische Philosophie bezweifelt. In ähnlicher Weise halten die Protagonisten religiöser Positionen ihre jeweiligen höchsten Wesen als das Fundament von Welt und Leben, auf dem daher anders Gesinnte automatisch auch aufruhen, so dass man diese berechtigterweise missionieren darf.

Habermas beseelt freilich ein ähnlicher missionarischer Ehrgeiz, den dabei auch eine gewisser Interventionismus zeichnet. Selbst wenn man einen bestimmten ethischen Horizont und damit weltethische Kernnormen anerkennt, bedeutet das noch lange nicht, dass man diese Anerkennung auf dieselbe Weise begründet. Just an der Begründung aber scheiden sich die Geister und zwar sowohl zwischen religiösen als auch diversen philosophischen Positionen. Für Habermas besteht ein letzter Grund für die Universalität der Vernunft, den er ähnlich wie Apel in der kommunikativen Struktur der Vernunft diagnostiziert. „Gerade auf der formalen Ebene der argumentativen Einlösung von Geltungsansprüchen", so lautet der Grundsatz von Habermas' Hauptwerk *Theorie des kommunikativen Handelns*, „ist die *Einheit* der Rationalität in der Mannigfaltigkeit der eigensinnig rationalisierten Wertsphären gesichert."[1]

Vernunft birgt nicht notwendig eine Neigung zur Gewalt, wenn man ihre kommunikative Struktur beachtet. Denn Vernunft fordert zum gegenseitigen Austausch von Argumenten auf, was Gewalt ja gerade vermeidet. Daraus ergibt sich nicht nur der zwanglose Zwang des besseren Arguments, sondern eine Perspektive, die die Vernunft in den Dienst einer Humanisierung der Lebenswelt stellt, um deren Beherrschung durch soziale Mächte wie Ökonomie, Bürokratie, Militär oder Religion zu verhindern. Könnten sich religiöse oder metaphysische umgreifende Lehren auf eine solche Vernunft als autonome Instanz einlassen? Ist das der Beitrag der Philosophie zu einer globalen Ethik? Ist die Vernunft etwas einschränkungslos Gutes, dem keine Dialektik eignet, die sich in keiner Weise genealogisch dem ihr Anderen, beispielsweise der Macht oder der Gewalt verdankt? Gibt es wirklich auf der Welt überhaupt

---

[1] Habermas, Theorie des kommunikativen Handelns Bd. 1, Frankfurt/M. 1981, 339

etwas einschränkungslos Gutes, so wie es Kant allein im guten Willen vorfindet?

Doch selbst wenn man die ideale Kommunikationsgemeinschaft im Sinne eines zumindest historischen Aprioris als wünschenswert akzeptiert, so liegt in der Erfahrungswelt ein solches Apriori einfach nicht vor. Es gibt keine Situation ohne implizite oder gar explizite Machtstrukturen, seien diese staatlich und institutionell vorgegeben oder durch soziale Verhältnisse implantiert. Wissen, Macht und Kommunikation liegen nicht getrennt vor, sondern gehören zusammen. Auch die Ethik beherbergt noch ein Wille zur Macht, bemerkt Montesquieu, dass es durchaus zu viel des Guten geben kann: „Wer hätte das gedacht: Sogar die Tugend hat Grenzen nötig.“[1]

Daher verdient der Einwand Michel Foucaults durchaus Beachtung: „Man muss wohl auch einer Denktradition entsagen, die von der Vorstellung geleitet ist, dass es Wissen nur dort geben kann, wo die Machtverhältnisse suspendiert sind, dass das Wissen sich nur außerhalb der Befehle, Anforderungen, Interessen der Macht entfalten kann. Vielleicht muss man dem Glauben entsagen, dass die Macht wahnsinnig macht und dass man nur unter Verzicht auf die Macht ein Wissender werden kann. Eher ist wohl anzunehmen, dass die Macht Wissen hervorbringt (und nicht bloß fördert, anwendet, ausnutzt); dass Macht und Wissen einander unmittelbar einschließen; dass es keine Machtbeziehung gibt, ohne dass sich ein entsprechendes Wissensfeld konstituiert, und kein Wissen, das nicht gleichzeitig Machtbeziehungen voraussetzt und konstituiert.“[2] Foucault führt den Begriff des historischen Aprioris in die wissenschaftstheoretische Debatte ein und bezieht sich damit auf formale Strukturen, die historischen Entwicklungen zugrunde liegen, aber nicht auf transzendentale Vorstellungen.

Zwar bleibt dieses Ideal der Kommunikationsgemeinschaft sicherlich eine ethische Orientierung, der es aber strukturell ob

---

[1] Montesquieu, Vom Geist der Gesetze (1748), Stuttgart 1965, XI Buch, 4. Kapitel, 211
[2] Foucault, Überwachen und Strafen (1975), 39

seiner Abstraktheit an Realisierungsperspektiven mangelt, ja die aus angeführten Gründen kaum konkret umsetzbar erscheint, jedoch einen normativen Maßstab darstellt. Wer diesen Anspruch gegenüber anderen erhebt, verlangt aber die Anerkennung eines bestimmten konsequenten abendländischen Rationalitätsparadigmas. Andere nicht durch die Aufklärung geprägte umfassende Lehren, seien diese metaphysischer oder religiöser Natur, werden daher nicht zu Unrecht unterstellen können, dass man auf diese Weise ihre Argumente im Diskurs nicht zulasse. Umgekehrt käme es eher darauf an, Argumente für Gewaltfreiheit unabhängig von umgreifenden herrschenden Lehren zu versammeln, was nicht einfach, aber möglich erscheint.

Insofern gilt es den übergreifenden Konsens des späten John Rawls in globaler Perspektive weniger moralisch, als vielmehr utilitaristisch oder zumindest pragmatisch zu entwerfen. Viele umfassende Lehren kommunitaristischer Provenienz – und das sind die meisten religiösen Lehren, vom asketischen Protestantismus vielleicht abgesehen – werden den ersten Gerechtigkeitsgrundsatz aus *Eine Theorie der Gerechtigkeit* nicht mit einem Primat gegenüber anderen Grundprinzipien der Gerechtigkeit versehen anerkennen : „Jedermann hat gleiches Recht auf das umfangreichste Gesamtsysteme gleicher Grundfreiheiten, das für alle möglich ist."[1] Kommunitarische oder nicht individualistische Lehren gehen von der traditionellen sozialen und religiösen Rollengebundenheit der Menschen aus, denen gegenüber das Individuum keine individuellen Interessen als primär geltend machen kann. Also besitzt es in solchen Kontexten auch kein System gleicher Freiheiten, das ihm die Wahl einer eigenen, nicht rollengebundenen Lebensform erlauben würde. Freiheiten beschränken sich in traditionellen Ordnungen auf die Art und Weise, wie man vorgegebene Rollen erfüllt.

---

[1] Rawls, Eine Theorie der Gerechtigkeit (1971), Frankfurt/M. 1979, 336

John Rawls' Grundidee eines übergreifenden Konsenses, der mehr als ein fauler Kompromiss sein soll, mehr als ein schierer *modus vivendi*, den man bei erst bester Gelegenheit kündigt, wenn man sich davon einen Vorteil verspricht, verlangt einen längeren Atem. So stellt Rawls 2001 am Ende seines *Neuentwurfs*, der beinahe den Charakter eines philosophischen Testaments besitzt, programmatisch fest, „dass eine politische Gerechtigkeitskonzeption (z.B. die Konzeption der Gerechtigkeit als Fairness) gerade deshalb, weil sie nicht allgemein und global ist, dazu beitragen kann, dass aus einem bloßen Modus vivendi ein übergreifender Konsens hervorgeht."[1] Rawls verzichtet mit dem übergreifenden Konsens also auf gewisse rigorose Ansprüche eines konsequenten Rationalismus.

Dabei muss man sich einerseits auf einen stetigen Wandel einstellen, den auch keine Verfassung letztlich auszuschließen vermag, wenn sich Machtverhältnisse verschieben. Seit der Einsicht, dass sich Macht auf die Anzahl von Menschen stützt, was demokratische Verhältnisse auch noch fördern, hat eine rege Biopolitik gerade von traditionell eingestellten Kreisen begonnen, ihren politischen und sozialen Einfluss dadurch geltend zu machen, dass sich ihre Gruppen vermehren, während säkulare Bevölkerungsteile mit einem größer werdenden Anteil von emanzipierten Frauen in dieser Hinsicht eher stagnieren oder sogar eine rückläufige Tendenz anzeigen. Wessen sich im 19. und 20. Jahrhundert Nationalstaaten befleißigten und was sie mit mäßigem Erfolg zu skurrilen Unternehmen wie Lebensborn veranlasste, das betreiben heute bestimmte soziale Gruppen vornehmlich aus religiösen Motiven.

Andererseits setzt die Suche nach einem übergreifenden Konsens, der möglichst stabilen Charakter erhalten soll, eine Bemühung um friedliche Kommunikation, um Kooperation, ja um gegenseitige Anerkennung voraus, die solcherart Biopolitik ihren Sinn rauben soll, weil auch eine Mehrheit eine Minderheit aufgrund der verfassungsmäßigen Ordnung nicht mehr ihre

---

[1] Rawls, Gerechtigkeit als Fairness – Ein Neuentwurf (2001), Frankfurt/M. 2003, 301

Lebensform aufzwingen kann – was sich freilich wieder ändern kann, nicht nur durch politischen und religiösen Fundamentalismus, sondern durch einen autoritären Demokratismus. Nicht zuletzt die ideologische Härte und das brutale Auftreten von radikal protestantischen Abtreibungsgegnern in den USA wie in Europa, muslimischen Fundamentalisten wie Al-Kaida oder ultra-orthodoxen Juden in Jerusalem bekämpfen mit allen Gewaltmitteln emanzipatorische Prozesse, die drohen diese religiös politischen Lager auch kommunikativ aufzulösen.

Umgekehrt halten konsequente Rationalisten einen übergreifenden Konsens nur auf der Grundlage der Anerkennung der Vernunft für möglich. „Öffentlicher Vernunftgebrauch", bemerkt Rawls, „ist eine Besonderheit demokratischer Nationen; es ist der Vernunftgebrauch gleicher Bürger – derjenigen, die den gleichen Status als Staatsbürger haben."[1] An dieser Stelle zeigt sich, dass die Anerkennung der Vernunft als Vermittlungsinstanz wohl doch auch einen Machtanspruch enthält, dem sich metaphysische und religiöse umfassende Lehren verweigern werden, wie unvernünftig das aus philosophischer Perspektive auch erscheinen mag. Trotzdem kann man nicht alle derartigen Weltauffassungen zumindest in einem protreptischen Sinne als unvernünftig titulieren, nicht zuletzt auch deshalb, weil sich beispielsweise der Katholizismus auf eine lange rationale Tradition berufen kann, stützt sich Thomas von Aquin schließlich primär auf Aristoteles, den heute gerade die Verteidiger der Demokratie anführen.

Was kann die Philosophie zu einer globalen Ethik beitragen? Anerkennung als Vermittlungsinstanz verlangt, dass man die Begründungen der Vernunft anerkennt. Doch die Gründe, warum Vertreter verschiedener Weltverständnisse weltethische Kernnormen anerkennen, sind allemal verschieden. Wollte man sich auf eine gemeinsame Begründung einigen, müssten immer einige ihre Weltverständnisse auflassen. Daher kann man sich auch nicht auf die Vernunft als gemeinsames Fundament verständigen. Just an dieser Stelle kehrt der konsequente Rationa-

---

[1] Rawls, Politischer Liberalismus (1993), 312

lismus in die von Heidegger so benannte *Zeit des Weltbildes* ein.

Anstatt die Suche nach einer wirklich freistehenden Konzeption des übergreifenden Konsenses aufzunehmen, wie es Rawls mit seinem politischen und gerade nicht philosophischen Liberalismus vorschwebt, verhält sich Habermas genauso wie ein Vertreter einer metaphysischen Lehre, der seine Interessen in den Vordergrund schiebt. Jede kann das guten Gewissens tun, weil jede von sich selbst glaubt, den für alle richtigen Weg zu kennen, bei Habermas eben die kommunikative Seite der Vernunft. So kritisiert er denn Rawls auch mit den Worten: „Ihm kommt das große Verdienst zu, über die politische Rolle der Religion frühzeitig nachgedacht zu haben. Aber gerade diese Phänomene können einer angeblich ‚freistehenden' politischen Theorie die begrenzte Reichweite normativer Argumentation zu Bewusstsein bringen."[1]

Also erscheinen die Bemühungen einer konsequenten Vernunft, eine globale Ethik zu konsolidieren, eher problematisch. Die Anerkennung weltethischer Kernnormen durch eine überwiegende Mehrheit der Menschen stellt zwar Nietzsches ‚Gott ist tot – These' in Frage. Die Vorstellungen, aus denen heraus die verschiedenen umfassenden Lehren zu ähnlichen ethischen Kernnormen kommen, sind indes unterschiedlich und nicht nur mit materiellen Interessen bzw. mit bestimmten Vorstellungen vom Guten verquickt, sondern leiten sich zumeist aus den Grundauffassungen her, die wiederum besondere Wertschätzung genießen und die somit auch mit entsprechenden Erwartungen verknüpft werden – man denke an Habermas' Vernunft – Erwartungen aber, die von Vertretern anderer umfassender Lehren gemeinhin nicht geteilt werden. Diese Problematik hat Habermas natürlich erkannt, wenn er an der zuvor zitierten Stelle weiterschreibt: „Ob die liberale Antwort auf den religiösen Pluralismus von den Bürgern selbst als die richtige Antwort akzeptiert werden kann, hängt nämlich nicht zuletzt davon

---

[1] Habermas, Religion in der Öffentlichkeit (2005), Philosophische Texte Bd. 4 Politische Theorie, Frankfurt/M. 2009, 297

ab, ob sich säkulare und religiöse Bürger, je aus ihrer Sicht, auf eine Interpretation des Verhältnisses von Glauben und Wissen einlassen, welche ihnen in der politischen Öffentlichkeit ein selbstreflexiv aufgeklärtes Verhalten zueinander erst möglich macht." Eine religiöse Begründung der Toleranz scheint es für Habermas trotzdem nicht zu geben, eine Toleranz, die im antiken Rom von den verschiedenen Kulten als Verzicht auf den missionarischen Anspruch letzter Wahrheiten gepflegt wurde, einen Anspruch, den erst das Christentum erhob und den eine konsequente Vernunft fortsetzt.

Entweder kann man also Nietzsches These für obsolet erklären oder man verschiebt ihren Sinn. Die obersten Werte einer globalen Ethik finden weitgehende Anerkennung, allerdings aus unterschiedlichen Begründungskontexten heraus, über die man sich mit Gewissheit nicht wird einigen können, denn man macht sich verschiedene Bilder von der Welt, die miteinander konkurrieren. Dann antizipiert Nietzsches Wort Heideggers Diagnose von der *Zeit des Weltbildes*. „Wo die Welt zum Bild wird," schreibt er, „ist das Seiende im Ganzen angesetzt als jenes, worauf der Mensch sich einrichtet, was er deshalb entsprechend vor sich bringen und vor sich haben und somit in einem entschiedenen Sinne vor sich stellen will. Weltbild, wesentlich verstanden, meint daher nicht ein Bild von der Welt, sondern die Welt als Bild begriffen. Das Seiende im Ganzen wird jetzt so genommen, dass es erst und nur seiend ist, sofern es durch den vorstellend-herstellenden Menschen gestellt ist. Wo es zum Weltbild kommt, vollzieht sich eine wesentliche Entscheidung über das Seiende im Ganzen. Das Sein des Seienden wird in der Vorgestelltheit des Seienden gesucht und gefunden."[1] In der Antike oder im Mittelalter lag die Welt vor, versuchte man ihr nachzugehen. Spätestens seit der Reformation mit ihrem Individualismus gilt dies für Europa nicht mehr, versuchen sich die Menschen die Welt aus ihren unterschiedlichen Perspektiven vorzustellen. Im Zeitalter der

---

[1] Martin Heidegger, Zeit des Weltbildes (1938), Holzwege, 4. Aufl. Frankfurt/M. 1963, 82

Globalisierung geraten alle umfassenden Lehren in den Sog des Weltbildes, sich die Welt nämlich vorstellen zu müssen, ihr gar nicht mehr nachspüren zu können, will man die eigenen Grundpositionen nicht gefährden. Die Flut der medialen Bilder befördert diese Entwicklungen noch. Daher wehren sich manche umfassenden Lehren dagegen auch so verzweifelt wie manchmal brutal, verbieten die iranischen Mullahs den Frauen sich westlich zu kleiden oder die afghanischen Taliban das Fernsehen, Tanz und Musik. Die Vorschläge des konsequenten Rationalismus erweisen sich vor diesem Hintergrund nur als beschränkt erfolgversprechend, nehmen sie diese Konfliktsituation nicht ernst genug, unterstellen sie dieser primär mit der Vernunft begegnen zu können, während es doch entscheidend darauf ankäme, die Weltbilder einerseits von ihren absoluten Wahrheitsansprüchen und der in den Krieg der Kulturen führenden Mission abzubringen, um sie andererseits aus sich selbst heraus zur Kooperation zu befähigen. Ein Missionsverbot, wie es im antiken Rom praktiziert wurde, hat einen pragmatischen Sinn, gründet nicht auf Wahrheit.

4. Pragmatische Vernunft

Wenn es nun eine andere mögliche Lesart von Nietzsches These gibt, ist dann auch die postmoderne Philosophie wieder mit im Spiel, um ihrerseits eventuell im Konflikt der Kulturen zu vermitteln? Nun, das liegt nicht besonders nahe: Die Sprachspielkonzeption des späten Wittgensteins oder die Inkommensurabilität der Diskursarten, von denen Lyotard ausgeht, wiederholen doch offenbar die von Habermas durchaus zurecht in Frage gestellte Position des dezisionistischen Realismus. Michel Foucaults These, „dass der Mensch lediglich eine junge Erfindung ist, eine Gestalt, die noch nicht zwei Jahrhunderte zählt, eine einfache Falte in unserem Wissen und dass er verschwinden wird, sobald unser Wissen eine neu Form gefunden haben wird"[1], radikalisiert die moderne Position im Sinne Darwins, der ja vom Wandel von Individuum zu Individuum ausgeht. Dann ist Sokrates kein Mensch bzw. wandeln sich die Menschen derart, dass sie über die Epochen hinweg unter keinen gemeinsamen Begriff mehr zu bringen sind. Dann setzt die Moderne die vorhergehenden Epochen nicht einfach fort, sondern setzt sich von ihnen ab. Diesen Positionen indes werden traditionelle umfassende Lehren wohl kaum folgen können, gehen sie regelmäßig von einer historischen Kontinuität aus, die über die Jahrtausende hinwegreicht, in der sich die Menschen nicht wandeln – ein Hintergrund für die weit verbreitete Ablehnung der Theorie Darwins und nicht so sehr deren sozialdarwinistischer Missbrauch.

Alle drei Positionen – diejenige Wittgensteins, Lyotards und Foucaults – wenden sich dabei dem Ereignis, der Einzelheit, dem konkreten Menschen zu und lassen die großen Theorien hinter sich. Das könnte einer pragmatischen Perspektive zupass kommen, die vorschlägt, erstens unlösbare Konflikte zu übergehen, wenn aus ihr keine praktischen Konsequenzen folgen, also weltanschaulich bedingte Gegensätze nicht auszutragen, zweitens die sich von den Begründungen abwendet und sich auf den Nutzen einer Angelegenheit konzentriert. So bemerkt William James: „Die pragmatische Methode ist zunächst eine Methode, um philosophische Streitigkeiten zu schlichten, die sonst endlos wären. (. . .) Soll ein Streit wirklich von ernster Bedeutung sein, so müssen wir imstande sein, irgendeinen praktischen Unterschied aufzuzeigen, der sich ergibt, je nachdem die eine oder die andere Partei recht hat."[2]

Ob im Sinne Nietzsches oder der postmodernen Philosophie, will man den Konflikt der Kulturen und Weltanschauungen abmildern, dann bleibt gar nichts anderes, als sich verantwortungsethisch auf die Folgen des Handelns, dessen Nutzen und Auswirkungen zu konzentrieren und von den unterschiedlichen

---

[1] Foucault, Die Ordnung der Dinge – eine Archäologie der Humanwissenschaften (1966), Frankfurt/M. 1974, 26
[2] James, Der Pragmatismus (1907), 27

Begründungen desselben abzusehen, die sich sowieso nicht auf einen gemeinsamen Nenner bringen lassen. Dabei treten im Sinne der postmodernen Perspektive allerdings die konkreten Fakten, die realen Ereignisse, das Handeln der einzelnen Menschen in den Fokus des Interesses. Man kann sich schließlich nicht auf ein gemeinsames Fundament für die allgemeine Einschätzung solcher Zusammenhänge einigen. Es bleibt also gar nichts anderes als der Blick auf die Einzelheit, will man zu einer Kooperation zwischen Vertretern verschiedener Weltanschauungen gelangen.

Trotzdem dürfen postmoderne Positionen nicht denselben Fehler wie der konsequente Rationalismus begehen und die Orientierung am Ereignis – für Heidegger 1956 das Leitwort der Gegenwartsphilosophie – zur allein richtigen Methode oder zur der Erfahrungswelt angemessenen Sichtweise erklären, was sie in der Tat meinen und insofern eine sich ereignende Vernunft propagieren – eben eine Vernunft, die die Schwächen ihrer Universalisierungsbemühungen einsieht und sich daher primär am Ereignis ausrichtet, so dass sie sich selber punktuell ereignet.

Umfassende metaphysische und religiöse Lehren stützen sich dagegen wie der konsequente Rationalismus auf ein Vokabular allgemeiner Begriffe, mit dem sie glauben, die Welt richtig erfassen zu können. Wenn sie sich aus pragmatischen Gründen auf die verantwortbaren Folgen des Handelns konzentrieren, dann werden sie das niemals tun, weil darin die Wahrheit der Fakten oder gar die Wahrheit des Ereignisses liegt, sondern weil sie auf diese Weise einige ihrer allgemeinen Auffassungen zu realisieren hoffen. Von der Wahrheit der Fakten halten die meisten umgreifenden Lehren wenig, liegen vielmehr mit ihnen zumeist im Hader.

Während für die postmoderne Philosophie die Orientierung am Ereignis die einzig gebotene Perspektive erscheint, wenn man sich auf die große Theorie nicht mehr verlassen möchte, stellt dergleichen für umfassende Lehren nur eine Notlösung dar. Wenn die postmoderne Philosophie damit noch dazu den umfassenden Blick auf die Welt als Ganzes verabschiedet, dann gerät sie obendrein in Konflikt mit den umfassenden Lehren, die ihrerseits diese mikrologische Perspektive mit einem Weltbild vergleichen, was die postmoderne Philosophie dementieren wird und die Idee einer umfassenden Lehre für sich selbst zurückweist. Dazu hat ebenfalls William James den Ton angegeben: Sein pragmatischer „Empirismus hingegen geht von den Teilen aus, macht aus dem Ganzen eine Vielheit und ist deshalb nicht abgeneigt, sich pluralistisch zu nennen."[1] Ob kommunikative Vernunft oder Ereignis, beide befördern den Dialog der umfassenden Lehren und damit einen übergreifenden Konsens nur als akzidentelle Orientierungen in pragmatischer Perspektive, ohne dabei einen prinzipiellen Anspruch erheben zu dürfen, damit eine sichere Methode zu besitzen, um gar im Konflikt der Kulturen zu vermitteln. Wie bemerkte doch Kant: es gibt keinen methodisch angebbaren Übergang von der Tugend zur Glückseligkeit. Jegliches Handeln, auch die philosophische Argumentation bleibt hinsichtlich ihrer Effekte eine ungewisse Angelegenheit, droht ihr auch immer das Scheitern, so dass ein guter Wille allein allemal nicht ausreicht. Ob die Philosophie zur Humanisierung der Lebenswelt nachhaltig beiträgt, bleibt genauso unsicher wie die Umsetzung einer solchen Intention von Vertretern der Religionen.

Doch während Habermas einige Mühen aufwenden muss, um sich in einer postsäkularen Welt einzurichten, gilt das weniger für die postmoderne Philosophie im Anschluss an Nietzsche. Vielleicht liegt das ja auch daran, dass zahlreiche ihrer Autoren die Verbindung zu den Religionen nicht abreißen ließen. Habermas gibt dementsprechend auch zu, dass es durchaus weiterhin eine Beeinflussung der Philosophie durch die Religion geben kann, nicht nur eine fortschreitende Abgrenzung. Viel scheint er sich davon indes nicht zu erwarten, verweist er bei dieser Gelegenheit auf Kierkegaard, Benjamin, Lévinas und Derrida, die er als religiöse Schriftsteller bezeichnet. Offenbar hat er gewisse Schwierigkeiten, diese als Philosophen anzuerkennen. In der Tat vertreten diese Philosophen keinen konse-

---

[1] James, Der Pragmatismus (1907), 6

quenten Rationalismus. In der Tat denken Benjamin, Lévinas und Derrida aus einem jüdischen Horizont.

Doch die Offenheit gegenüber der Religion in der nietzscheanisch inspirierten Philosophie – ich darf hierbei auf Gianni Vattimo verweisen – gründet auch in der Anerkennung der Vielfalt der Weltverständnisse, also eines vorliegenden Pluralismus, den der Nationalstaat teilweise rassistisch bekämpfte, der aber unter Globalisierungsbedingungen nicht mehr aufgehoben werden kann. Rawls unterscheidet zwischen dem Pluralismus als solchem und einem vernünftigen Pluralismus, der den übergreifenden Konsens befördern soll. „Das Faktum eines vernünftigen Pluralismus ist keine unglückselige Bedingung des menschlichen Lebens, wie wir es über den Pluralismus als solchen sagen können, der Lehren einschließt, die nicht nur irrational, sondern auch wahnsinnig und aggressiv sind."[1] Das lässt den Verdacht zu, dass erstens Rawls dabei zu sehr an die säkulare Vernunft denkt, und dass zweitens zu viele Lehren sich diesem vernünftigen Pluralismus entziehen. Daher rückt der Pluralismus als solcher im Mittelpunkt. Denn wenn allein dieser als Faktum von umfassenden Lehren anerkannt wird, dann wäre schon viel erreicht. Fundamentalisten bestreiten ja gerne die Gegebenheit und Normalität anderer umgreifender Lehren. Weltbilder streben häufig nach Hegemonie, letztlich danach, die Konkurrenten auszulöschen – und spätestens seit dem Christentum um der Wahrheit willen.

Das Faktum eines Pluralismus als solchen anzuerkennen, verlangt dabei indes, den anderen in seiner Andersheit sein zu lassen und sich nicht ihm gegenüber in einer ausgezeichneten Position zu behaupten. Diese Forderung sollte sich höchstens auf die alltägliche Erfahrung der Begegnung mit Fremden bzw. mit Vertretern fremder umfassender Lehren stützen und darf diesbezüglich keine philosophischen Ideen voraussetzen, auch wenn man eine solche Position von Lévinas lernen kann: „Die Fremdheit des Anderen, der Umstand, dass er nicht auf mich, meine Gedanken und meinen Besitz zurückgeführt werden

---

[1] Rawls, Politischer Liberalismus (1993), 232

kann, vollzieht sich nur als Infragestellung meiner Spontanei-
tät, als Ethik."[1]

Man könnte dergleichen auch an einer rationalistisch hervor-
gehobenen Position lernen, die jedoch in einer so elementaren
Form verharrt, dass man die geistesgeschichtlichen Hinter-
gründe nicht unbedingt zu betonen braucht, lässt sich das Prinzip vielmehr einfach vorführen. Auch Habermas fordert dazu
auf, sich auf Kants erweiterte Denkungsart einzulassen, also an
der Stelle eines anderen zu denken. „Alle Parteien müssten,
ungeachtet ihren kulturellen Hintergrundes, bereit sein, Streit-
punkte gleichzeitig aus der eigenen wie aus der Perspektive der
jeweils anderen Teilnehmer zu erwägen und auch in praktischen Fragen nur solche Argumente zu verwenden, die *im
Prinzip jedem*, unabhängig von seinen metaphysischen oder
religiösen Hintergrundüberzeugungen, einleuchten können."[2]
Doch man kann sich hier nicht ganz des Eindrucks erwehren,
dass er sich das selbst nicht vorschlägt. Die konsequente Vernunft weiß sich selbst ja in der eigentlichen Rolle der Vermitt-
lerin und zieht daraus ein gewisses Überlegenheitsgefühl.

Die erweiterte Vernunft muss sich eines solchen Bewusst-
seins enthalten. Sie bevorzugt den Blick auf das Ereignis, weil
sie um die Schwäche der Universalität weiß, zugleich auch um
ihre eigene. Sie verteidigt die individuelle Perspektive um ihrer
selbst willen, ohne jedoch dem Individuum gegenüber einer
Gemeinschaft ein begründetes Primat verleihen zu können.
Insofern wehrt sie sich eher gegen Zudringlichkeiten anderer
Weltbilder, versucht umgekehrt dergleichen zu vermeiden.

Dementsprechend wäre ein Ansatz zu entwickeln, wie ihn
Hannah Arendt als politische Tugend konzipiert. Für sie ist:
„die wichtigste Bedingung für alle Urteile, die Bedingung der
Unparteilichkeit, des ‚uninteressierten Wohlgefallens'. Indem
man seine Augen schließt, wird man zu einem unparteilichen,

---

[1] Emmanuel Lévinas, Totalität und Unendlichkeit – Versuch über
Exteriorität (1961), Freiburg, München 1987, 51
[2] Habermas, Die Revitalisierung der Weltreligionen, 398

nicht direkt affizierten Zuschauer sichtbarer Dinge."[1] Anstatt einer bloß konsequenten Denkungsart die erweiterte zu betreiben, das erweist sich als notwendige Voraussetzung der Kommunikation und der Anerkennung des Anderen in seiner Andersheit und Fremdheit. Daher muss man das umdenken, was Kant verheißt: „1. Selbstdenken; 2. An der Stelle jedes andern denken; 3. Jederzeit mit sich selbst einstimmig denken. Die erste ist die Maxime der vorurteilsfreien, die zweite der erweiterten, die dritte der konsequenten Denkungsart."[2] Es ist klar, wenn man sich in den anderen versetzt, wird man mit sich selbst in Widersprüche geraten, es sei denn man versteht den anderen als gleichen und nicht als den Fremden, der sich dem eigenen Verständnis regelmäßig entzieht. Kann man überhaupt mit sich selbst übereinstimmen? Handelt es sich dabei nicht immer um einen anderen, mit dem man überein zu stimmen versucht, wenn man mit sich übereinstimmen will? Muss man nicht die erweiterte Denkungsart auch auf sich selbst anwenden, wenn man etwas von sich selbst verstehen will? Der konsequente Rationalismus muss noch lernen, mit solchen Widersprüchen zu leben.

Dabei kann sich diese Anerkennung des Pluralismus als solchen wie der dazu nötigen erweiterten Denkungsart auch auf die weitgehende Anerkennung der weltethischen Kernnormen stützen. Menschen nicht zu ermorden, nicht zu belügen, nicht zu bestehlen und ob ihrer Andersheit nicht zu diskriminieren – eine sicher nicht ganz selbstverständliche Veränderung der *Weltethos-Erklärung* – stellt die ethische Voraussetzung für die Anerkennung des Anderen in seiner Andersheit und damit des Pluralismus als solchen dar. Umgekehrt unterstützen erweiterte Denkungsart und die Anerkennung des Anderen auch die Anwendung der weltethischen Kernnormen. Schließlich bleibt

---

[1] Arendt, Über Kants politische Philosophie (1970); in: dies., Das Urteilen – Texte zu Kants politischer Philosophie (1982), München, Zürich, 1998, 92

[2] Immanuel Kant, Kritik der Urteilskraft (1790), Akademie Textausgabe (AA) Bd. 5, Berlin 1968, 294

angesichts von deren weitgehender Anerkennung weniger ihre Geltung als ihre Anwendung das zentrale Problem, wo die weltethischen Kernnormen an ihre Grenzen stoßen. Just diese zu erweitern, dazu vermag denn die Philosophie doch einiges beizutragen, nicht nur aus der Perspektive des konsequenten Rationalismus, auch von Nietzsche ausgehend als erweiterte Vernunft. Ob kommunikative Vernunft oder Konzentrierung auf das Ereignis, in beiden Fällen geht es letztlich darum, dazu beizutragen, dass die Kernnormen häufiger angewendet werden, eine Aufgabe, die genauso die Religionen angeht.

Zwar hat Hans Küng die Geltung von Nietzsches Wort ,Gott ist tot' massiv eingeschränkt. Doch es bleibt diesem zumindest noch eine relative Bedeutung, die ihrerseits als Anerkennung des Pluralismus als solchen in die Perspektive einer globalen Ethik einkehrt. Schließlich hat sich Nietzsche damit auch nicht zufrieden gegeben, dass es keine gemeinsamen ethischen Werte mehr gibt. Vielmehr fordert er die Entwicklung neuer ethischer Werte, die, wenn man sie sich im Detail anschaut, so fern den alten auch nicht sind. Nichtsdestotrotz, geht Nietzsche davon aus, dass sich ethische Werte weiter entwickeln.

Der Dialog der Kulturen wird wohl zwangsläufig zur Veränderung, damit zur Evolution der globalen Ethik beitragen, wiewohl die Entwicklung momentan noch nicht soweit gediehen ist, kommt es zunächst immer noch darauf an, die ethische Gemeinsamkeiten zu entdecken, damit Gemeinsamkeiten überhaupt, die die Ethik aus dem Bann der Unterwerfung der einzelnen unter kämpfende Gemeinschaften langsam befreit. Aus diesem Grund ziehen es manche Fundamentalisten wie auch Staaten vor, diesen Dialog durch große Kriege zu ersticken. Just daher stellt der erste Zweck einer globalen Ethik die Friedenssicherung dar gemäß des ersten Naturgesetzes von Thomas Hobbes, das da lautet: „Suche Frieden und halte ihn ein!"[1]

---

[1] Hobbes, Leviathan (1651), 100

IV. KAPITEL

UTOPIE UND WELTETHOS

Schauerliche Terror- und Kriegsszenarien nicht endender Konflikte drohen nicht mehr nur am Horizont, wenn Samuel Huntington den *Clash of Civilizations* prognostiziert, sondern setzen sich längst in die Tat um: 11. September 2001, Afghanistan-, Irak-, Ukraine- und Gaza-Krieg. Was sind diese Kriege anderes als ein Zusammenprall der Kulturen?

Die Kriegsparteien träumen immer noch vom Sieg, der indes für alle Beteiligten in unabsehbare Ferne rückt. Das muss gar nicht so sehr verwundern. Die moderne Kultur vom 18. bis zum 20. Jahrhundert glaubt zu weiten Teilen an den Krieg, der den Fortschritt beschleunigen soll: die Ausbreitung der Menschenrechte durch Napoleon, die Einigung der Nationen, der Aufbau kolonialer Reiche, der revolutionäre Fortschritt zum Sozialismus, eine ethnische Vormachtstellung oder deren Bekämpfung als Krieg aus humanitären Zwecken. Und Europa hat dieses Denken in jenen Jahrhunderten auch fleißig in alle Erdteile exportiert.

Partielle Ziele mag man durch Kriegführung gelegentlich erreichen. Der globale Konflikt zwischen Kulturen, Religionen, Weltanschauungen, Nationen und ökonomischen Machtzentrum lässt sich dagegen nur friedlich ausgleichen. Die Sowjetunion hat sich ohne großen Krieg aufgelöst. Im anderen Fall hätte ein globaler Atomkrieg stattgefunden.

Trotzdem mag man sich lokal sicherlich immer noch an vielen Orten der Welt um einheitliche Nationen und Religionen bemühen, tendenziell breiten sich indes durch weltweite Migrationsbewegungen und globale Kommunikation fast überall pluralistische Strukturen aus. Ethnisch oder religiös homogene Staaten transformieren sich langsam in pluralistische. Just dadurch prallen Kulturen aufeinander und nicht mehr nur an ihren Außengrenzen, sondern vor Ort in Berlin-Kreuzberg, Warschau, Kuwait.

Den Frieden herzustellen und zu sichern, stellt sich daher im 21. Jahrhundert als vordringliche Aufgabe natürlich primär der Politik, der Wirtschaft und von sozialen Kräften dar, wenn einerseits ein Kriegspotential mit unglaublichen Zerstörungen und schier unerschöpflichen Vorräten droht. Andererseits sehen sich die Akteure auch vor eminenten ökologischen, technologischen und ökonomischen Herausforderungen, die zu einem großen Teil nur global, also durch internationale Kooperation angegangen werden können – sei es die globale Armutsbekämpfung oder die Klimakatastrophe.

Doch die Ausmaße dieser Konflikte und Krisen lassen deren Lösung dabei entweder als eine nicht endende Arbeit des Sisyphos oder als eine letztlich nicht zu erreichende Utopie erscheinen, was beides nahelegt, sich mit einer solchen Aufgabe erst gar nicht zu befassen, haben denn auch Utopien heute immer noch einen schlechten Ruf. Hat der Appell Hans-Georg Gadamers „Wir müssen doch miteinander leben lernen!"[1] einen realistischen oder einen utopischen Sinn, wenn man ihn zum Leitmotiv einer Philosophie des Friedens im Zeitalter der Globalisierung erhebt?

Dabei verdankt sich das größte und wahrscheinlich nachhaltigste Projekt in dieser Richtung nicht der Philosophie, die sich ja lange überlegen dünkte, sondern der Initiative des Theologen Hans Küng und der *Stiftung Weltethos*. Hans Küng publizierte 1990 sein Buch *Projekt Weltethos*, das davon ausgeht, dass die Weltreligionen gar nicht so unterschiedliche Grundwerte ver-

---

[1] Hans-Georg Gadamer; in: Schönherr-Mann, Ethik des Verstehens, Radioessay, Abendstudio, HR 2, 7.4.2002; abgedruckt in: ders. (Hrsg.): Hermeneutik als Ethik, München 2004, 205

treten. „Was aber ist eine Weltordnung ohne ein – bei aller Zeitgebundenheit – verbindendes und verbindliches Ethos für die gesamte Menschheit, ohne ein Weltethos? (. . .) Ethik, wenn sie zum Wohle aller funktionieren soll, muss unteilbar sein. Die ungeteilte Welt braucht zunehmend das ungeteilte Ethos! Die postmoderne Menschheit braucht gemeinsame Werte, Ziele, Ideale, Visionen."[1] Derartige Gemeinsamkeiten festzustellen und festzuschreiben, soll ein globales Ethos fixieren, das wesentlich zu einem friedlichen Umgang der Weltreligionen beiträgt. Küng schreibt: „Gerade wer in der prophetischen Tradition an Gott wahrhaft glaubt, dem sollte es in der Praxis konsequenterweise um das Wohl des Menschen gehen. So das jüdische Doppelgebot von Gottes- und Nächstenliebe und dessen Radikalisierung (bis hin zur Feindesliebe) in der jesuanischen Bergpredigt, so auch die unablässige Forderung des Koran nach Gerechtigkeit, Wahrhaftigkeit und guten Werken. Aber auch die buddhistische Lehre von der Überwindung menschlichen Leids ist hier zu nennen, ebenso das hinduistische Streben nach Erfüllung des ‚dharma' und die konfuzianische Forderung, die kosmische Ordnung und damit das Humanum zu bewahren."[2]

In der *Weltethos-Erklärung* des *Parlaments der Weltreligionen* heißt es 1993, „dass es bereits einen Konsens unter den Religionen gibt, der die Grundlage für ein Weltethos bilden kann: einen minimalen *Grundkonsens* (. . .)."[3] Damit erhält das *Weltethos* zwar einen religiösen Hintergrund, aus dem heraus es sich entbirgt, eben aus ähnlichen oder parallelen Normen und Werten der verschiedenen Weltreligionen, die in der *Weltethos-Erklärung* fokussiert und zusammengefasst werden. „Fünf große Gebote der Menschlichkeit," bemerkt Küng, „die zahllose Applikationen auch in Wirtschaft und Politik haben,

---

[1], Küng, Projekt Weltethos (1990), 57
[2] Ebd., 81.
[3] Parlament der Weltreligionen: Erklärung zum Weltethos; in: Küng (Hrsg.), Dokumentation zum Weltethos, 2002, 20

gelten in *allen* großen Weltreligionen: (1) nicht töten; (2) nicht lügen; (3) nicht stehlen; (4) nicht Unzucht treiben; (5) die Eltern achten und die Kinder lieben."[1] Zugleich aber verdankt sich die *Weltethos-Erklärung* keiner bestimmten Religion, besitzt dadurch vielmehr einen interreligiösen Charakter, der es auch für säkulare Kreise attraktiv machen kann und der es dadurch auch philosophisch interessant werden lässt.

Wenn die Religion ethische Normen mit einem absoluten Fundament versieht, dann folgern manche Vertreter einer Normenethik daraus die unbefragte Befolgung von Normen. Das erheben sie zum höchsten Gebot ethischen Handelns. Diese von Max Weber sogenannte Gesinnungsethik antwortet auf die immer komplexer werdenden Anforderungen an die Menschen in der Moderne mit einer Reduktion dieser Komplexität. Sie insistieren demgemäß auf ihren zumeist einfachen Wahrheiten. „Zukunftsfähig", so Küng, „dürfte aber ebensowenig eine *bloße Gesinnungsethik* sein. Ausgerichtet auf eine mehr oder weniger isoliert gesehene Wertidee (Gerechtigkeit, Liebe, Wahrheit) geht es ihr nur um die reine innere Motivation des Handelnden, ohne sich um die Folgen einer Entscheidung oder Handlung, um die konkrete Situation, ihre Anforderungen und Auswirkungen zu kümmern. Eine solche ‚absolute' Ethik ist auf gefährliche Weise geschichtslos (sie ignoriert die gewachsene Komplexität der geschichtlichen Lage), sie ist unpolitisch (sie ignoriert die Komplexität der gegebenen gesellschaftlichen Strukturen und Machtverhältnisse), kann aber gerade so zur Not auch Terrorismus aus Gesinnungsgründen rechtfertigen."[2]

Eine globale Ethik, wie sie Hans Küng vorschwebt, propagiert dagegen keine derartige absolute Ethik. Stattdessen fragt Küng: „Was wäre die ethische Zielvorstellung für das dritte Jahrtausend? Schlüsselbegriff für unsere Zukunftsstrategie muss sein: Verantwortung des Menschen für diesen Planeten,

---

[1] Küng, Projekt Weltethos (1990), 82
[2] Ebd., 51

eine planetarische Verantwortung."[1] Nicht zuletzt die Umwelt-problematik verlangt ein erfolgreiches Handeln, das den Planeten bewahrt, das sich nicht damit zufrieden geben kann, das Gute nur zu wollen. Ins Zentrum einer globalen Ethik rückt für Küng die Verantwortungsethik, mit der er sich zugleich auf Max Weber und Hans Jonas beruft. So heißt es in der *Erklärung zum Weltethos*: „Wir *alle* haben eine *Verantwortung für eine bessere Weltordnung*. Unser Einsatz für die Menschen-rechte, für Freiheit, Gerechtigkeit, Frieden und die Bewahrung der Erde ist unbedingt geboten."[2]

Doch nicht nur dieser bedingungslose Anspruch erweist sich als schwierig: Lässt er sich überhaupt umsetzen? Handelt es sich hierbei nicht um eine letztlich aussichtslose Forderung, eben um eine Utopie, auf die man angesichts dessen, dass das utopische Denken im 20. Jahrhundert fatal scheiterte, besser verzichtet. Hans Küng sieht dieses Problem durchaus. Ja, es verschärft sich noch, wenn es in einer globalen Ethik nicht allein um die Kooperation der Kulturen geht, sondern damit verbunden um das Individuum selbst. „Die spezifischen Werte der industriellen Moderne – Fleiß (‚industria'!), Rationalität, Ordnung, Gründlichkeit, Pünktlichkeit, Nüchternheit, Leistung, Effizienz – sollen nicht einfach abgeschafft, wohl aber in einer neuen Konstellation neu interpretiert und mit den neuen Werten der Postmoderne, mit Imagination, Sensibilität, Emotionali-tät, Wärme, Zärtlichkeit, Menschlichkeit, kombiniert werden."[3]

Denn einerseits stärken die Menschenrechte dessen Position. Andererseits braucht das *Projekt Weltethos* die einzelnen Men-schen, die sich um eine globale Ethik bemühen und sich auch an ihr orientieren, eine durchaus schwierige Angelegenheit. Damit überschreitet Küng den Horizont der Verantwortung: „*Der Mensch* muss mehr werden, als er ist: er *muss menschli-cher werden*! Gut für den Menschen ist, was ihn sein Mensch-

---

[1] Ebd., 51
[2] In: Küng (Hrsg.), Dokumentation zum Weltethos, 20
[3] Küng, Projekt Weltethos (1990), 42

sein bewahren, fördern, gelingen lässt – und dies noch ganz anders als früher. Der Mensch muss sein menschliches Potential für eine *möglichst humane Gesellschaft und intakte Umwelt* anders ausschöpfen, als dies bisher der Fall war. Denn seine aktivierbaren Möglichkeiten an Humanität sind größer als sein Ist-Stand. Insofern gehören das realistische Prinzip Verantwortung und das ‚utopische‘ Prinzip Hoffnung (Ernst Bloch) zusammen.“[1]

Wenn Hans Küng die Verantwortung mit der Hoffnung verbindet und sich dabei auf Ernst Bloch bezieht, klingt auch explizit – nicht nur implizit angesichts der großen ethischen Herausforderungen – das Thema Utopie an. Aber inwiefern besitzt das *Projekt Weltethos* eine utopische Dimension? Speist es sich nicht eher aus einer religiösen Hoffnung? Verfiele es im anderen Fall damit nicht dem Verdikt, dass utopisches Denken nun mal notorisch scheitert? Droht dem *Projekt Weltethos* darin gar das eigene Scheitern? Es wäre nicht so absurd, schließlich stellt es sich gewaltigen Herausforderungen, die sich kaum bewältigen lassen, auch schwerlich von der Kraft der Religionen.

1. Das Ende der politischen Utopie nach 1989

Ist das *Projekt Weltethos* folglich in philosophischer Perspektive eine Utopie? Wenn ja, wäre das ein Argument gegen eine globale Ethik? Schließlich wagt heute kaum noch jemand Utopien zu propagieren, wie man sie bei Morus, Campanella oder Francis Bacon findet. Will eine globale Ethik letztlich doch keine Utopie sein, wenn die *Weltethos-Erklärung* bestimmte Normen für allgemein anerkannt und nicht für utopisch erklärt? Oder besteht eine Verbindung zwischen utopischem und weltethischem Denken, wie es Küng oben ankündigt? Aber gelangte das utopische Denken nicht längst an sein Ende, als sich der Sozialismus in Osteuropa auflöste?

---

[1] Küng, Projekt Weltethos (1990), 53

Welchen Sinn hat es noch, gemäß einer bestimmten Tradition europäischen Denkens seit der frühen Neuzeit zu fragen, wie Staat und Gesellschaft im Idealfall aussehen würden? Was vor 1917 von großen Hoffnungen beseelt war, die Menschen aus Unterdrückung, Ausbeutung und Krieg zu befreien und sie in eine neue Gesellschaft mit menschlichem Antlitz zu führen, begann schon nach wenigen Jahren und Jahrzehnten zwischen Bürgerkrieg, Kollektivierung der Landwirtschaft und Stalinismus zu scheitern. Richard Saage, der in Deutschland das Denken über Utopie in den letzten Jahrzehnten nachhaltig geprägt hat, stellt fest, „dass politische Utopien Fiktionen innerweltlicher Gemeinwesen sind, die sich entweder zu einem Wunsch- oder Furchtbild verdichten. Ferner sind sie unlösbar mit Sozialkritik verbunden."[1] Saage grenzt die politische Utopie dabei klar von religiösen Visionen oder sagenumwobenen Traumbildern ab, man denke an das Paradies oder das goldene Zeitalter. Ebenso wenig gehören Märchen, Träume oder soziale Trends, die man weiterdenkt bzw. hochrechnet, zur politischen Utopie. Dieser eher engen Auslegung der Utopie muss man nicht unbedingt folgen. Doch sie zeichnet damit den Horizont, vor dem sich das utopische Denken abspielt. Mit ihr würden Utopie und Weltethos indes auseinander treten.

Gegen Ende des 20. Jahrhunderts wird zunehmend die Berechtigung der politischen Utopie in diesem engeren Sinne bestritten. So eröffnet Anfang der neunziger Jahre Joachim Fest eine Diskussion, die nach dem Ende des osteuropäischen Sozialismus die Konsequenzen für die politische Utopie festschreiben sollte. In der Tat überwiegen in der Tradition utopischen Denkens die Bemühungen, den Einzelnen einer Gemeinschaft unterzuordnen, bzw. ihn zumindest in die Gemeinschaft zu integrieren: Es geht in der Utopie ja um das ideale *Gemeinwesen*. Joachim Fest sieht in dieser Tendenz einen Gegensatz zur demokratischen Welt: „Bezeichnenderweise hat aber auch

---

[1] Richard Saage, Das Ende der politischen Utopie, Frankfurt/M. 1990, 14

das unendliche, die Jahrhunderte begleitende Nachdenken über die ideale Gesellschaft nie ein wirklich offenes Gemeinwesen als System entworfen."[1]

Angesichts der gescheiterten Bemühungen, sozialistische und kommunistische Politik- und Gesellschaftsvorstellungen zu realisieren, die im 20. Jahrhundert das politisch utopische Denken nachhaltig prägten, erscheint dessen Ende als unausweichlich. Woher sollte ein neuer Sturm auf das Winterpalais losbrechen, vergleichbar jenem, mit dem Lenins Bolschewiki im November 1917 die russische Regierung stürzte? So erlässt denn der Historiker Ernst Nolte 1992 über die politische Utopie das Urteil: „Ihre Wiederkehr in dieser oder in einer anderen Form dürfte auszuschließen sein. Die politische Utopie hat keine Zukunft."[2]

Nicht nur von konservativer Seite verabschiedet man die Utopie. Die Schrecken des 20. Jahrhunderts schreiben manche Intellektuelle gerne jenem Denken zu, das im Blick auf eine ferne lichte Zukunft einer idealen gerechten Gesellschaft die Probleme der Gegenwart geflissentlich übersieht. Hans Magnus Enzensberger stellt 1990 fest: „Die oft gehörte Behauptung, ohne Utopie könne man nicht leben, ist bestenfalls eine Viertelswahrheit. (. . .) Ihr Export in die entlegensten Teile der Welt gehört zu den verheerendsten Erfolgen der europäischen Kultur."[3] Darf sich folglich eine globale Ethik keinesfalls in die Nähe utopischen Denkens begeben, will sie sich nicht historisch und womöglich interkulturell desavouieren?

---

[1] Joachim Fest, Der zerstörte Traum – Vom Ende des utopischen Zeitalters, Berlin 1991, 95.

[2] Ernst Nolte, Was ist oder was war die ‚politische' Utopie? in: Richard Saage (Hrsg.), Hat die politische Utopie eine Zukunft? Darmstadt 1992, 13

[3] Hans Magnus Enzensberger, Gangarten; in: Kursbuch, Nr. 100, Juni 1990, 4

2. Die klassischen Utopien als Ethik

Die Geschichte der politischen Utopie bestärkt diese ablehnende Haltung – zumindest auf den ersten Blick. Bereits Platon entwirft in seiner Schrift *Politeia* in der ersten Hälfte des 4. Jahrhunderts vor Christus einen ständisch fest gegliederten Staat, in dem jeder Mensch eine bestimmte Funktion auszuüben hat. Geleitet wird dieser ideale Staat durch die Weisen, die Philosophenkönige. Eine solche Ordnung, der sich der Einzelne zu unterwerfen hat, „würde," so schreibt Platon, „also Gerechtigkeit sein und die Stadt gerecht machen. (. .) Und ein solches schien uns der Staat zu sein, und so haben wir denn einen so trefflich als möglich eingerichtet, (. . .)."[1] Platons Modell zielt auf das Wohl des Ganzen, nach Rousseau das Gemeinwohl, das für beide oberste Priorität entfaltet. Egoistische Interessen des Einzelnen, Ansprüche auf eigene Freiheiten schließt Platons Idealstaat aus.

Daran knüpft Thomas Morus an, der 1516 mit seiner kleinen Schrift *Utopia*, die neuzeitliche und damit die eigentliche Utopie-Diskussion eröffnet. Zunächst schildert er die ungerechten Verhältnisse im zeitgenössischen England, in dem die Armen immer ärmer werden. Im zweiten Teil berichtet ein Reisender von einer fernen Insel irgendwo im Meer, auf der die Menschen nach vernünftigen Prinzipien im Einklang mit der Natur, zudem in weitgehender Gütergleichheit, mit wenig Arbeit glücklich leben. Morus beschreibt derart ein Staatswesen, „das nach meiner festen Überzeugung nicht nur das beste, sondern auch das einzige ist, das mit Recht den Namen eines ‚Gemeinwesens' für sich beanspruchen kann. Denn wo man sonst von Gemeinwohl spricht, haben es alle nur auf den eigenen Nutzen abgesehen; hier, wo es nichts Eigenes gibt, berücksichtigt man

---

[1] Platon, Politeia (ca. 374 v. Chr.), übers. v. Friedrich Schleiermacher, Werke Bd. 3, Hamburg 1958 (Rowohlt Klassiker),, 434c-e

ernstlich die Belange der Allgemeinheit."[1] Morus plädiert also für einen stärkeren Gemeinsinn und für eine gerechtere Güterverteilung. Damit entwirft er die neuzeitlichen Grundorientierungen einer sozialen politischen Ethik.

Diese Tendenz, die sich gegen den ausufernden Individualismus der Renaissance richtet, und die der Gemeinschaft ein klares Primat gegenüber dem Einzelnen einräumt, verschärft 1637 der süditalienische Dominikaner Tommaso Campanella mit seinem *Sonnenstaat*. Auf Ceylon situiert schafft dieser Armut und Reichtum ab und minimiert die Arbeit. Eine straffe hierarchische Ordnung beruht auf einem kosmisch göttlichen Willen. Ein Oberpriester lenkt den *Sonnenstaat*, dessen Macht ähnlich wie bei Platon bis in die Familienplanung hineinreicht. Dem *Sonnenstaat*, so berichtet Campanellas Reisender von der fernen Insel, „obliegt vor allem die Sorge für die Fortpflanzung, damit Männer und Frauen so miteinander verbunden werden, dass sie den besten Nachwuchs hervorbringen. Sie <die Insulaner> spotten über uns, weil wir der Fortpflanzung der Hunde und Pferde unsere eifrige Sorge widmen, die der Menschen aber vernachlässigen."[2] So stellt denn Campanella dem Chaos der Welt die Ordnung als sittliche Orientierung entgegen, die sich letztlich nur durch die Züchtung von Menschen realisieren kann, also als Steuerung des Lebens – eine Vorstellung, die am Beginn des 21. Jahrhunderts in der genetischen Bekämpfung von Krankheiten gipfeln mag, aber in Familie, Kindergarten, Schule ihr Fundament besitzt.

Allerdings fragt man in diesen klassischen politischen Utopien nicht danach, wie man denn nun diesen Idealstaat konkret umsetzen könnte. Stattdessen entwickeln diese Utopien ethische und politische Vorstellungen, entfalten sie die Kraft sittlicher Prinzipien – eben die Idee des Gemeinsinns oder der gerechten Güterverteilung –, die ihre Zeit beeindrucken sollten,

---

[1] Thomas Morus, Utopia (1516); in: Klaus J. Heinisch (Hrsg.), Der utopische Staat, Hamburg 1960, 106
[2] Tommaso Campanella, Sonnenstaat (1637); in: ebd., 119

aber nicht verwirklicht werden sollten. Deutet sich hier eine Parallele zwischen utopischem und weltethischem Denken an?

Ein Verlangen nach realer Umsetzung der politischen Utopie begann mit der industriellen Revolution im 18. Jahrhundert. Indes blieben die genauen Wege zur Verwirklichung der jeweiligen Utopien zunächst noch weitgehend im Dunkeln. Die Frühsozialisten entwickelten Utopien, ohne konkret anzugeben, wie man diese realisieren könnte. Claude Henri de Saint-Simon entwirft im ersten Viertel des 19. Jahrhunderts eine vorsozialistische Vision der Industriegesellschaft, die von einer geschlossenen arbeitenden Klasse vom Bankdirektor bis zum Arbeiter gemeinsam angeführt wird. Der englische Frühsozialist Robert Owen propagiert 1814 *Eine neue Auffassung von der Gesellschaft*, in der er die Verbesserung der Lage der Arbeiter genauso fordert wie die Hebung der Moral durch die Veränderung der Lebensumstände. In den zwanziger und dreißiger Jahren des 19. Jahrhunderts gründete er genossenschaftlich organisierte Musterkolonien in den USA, die allerdings weitgehend scheiterten.

Eine entscheidende Wende trat mit dem Marxismus ein. Friedrich Engels forderte zusammen mit Marx, diese utopischen Perspektiven aufzulassen und nach konkreten politischen Umsetzungsmöglichkeiten zu suchen. Dazu wollen beide dem Sozialismus eine wissenschaftliche Grundlage geben, die einerseits aus einem Blick auf die geschichtliche Entwicklung der bürgerlichen Gesellschaft und andererseits in einer ökonomischen Analyse des Kapitalismus besteht. Engels schreibt 1880 in seinem programmatischen Text *Die Entwicklung des Sozialismus von der Utopie zur Wissenschaft*: „Der bisherige Sozialismus kritisierte zwar die bestehende kapitalistische Produktionsweise und ihre Folgen, konnte sie aber nicht erklären, also auch nicht mit ihr fertig werden; (. . .) die materialistische Geschichtsauffassung und die Enthüllung des Geheimnisses der kapitalistischen Produktion vermittels des Mehrwerts verdanken wir Marx. Mit ihnen wurde der Sozialismus eine Wissenschaft, (. . .)."[1]

Für Marx und Engels sollte der Kommunismus erst das Stadium nach vollendetem Sozialismus sein, wenn die Diktatur des Proletariats überflüssig wird und der Staat langsam abstirbt. Sie haben sich denn auch nur an wenigen Stellen und höchstens vage darüber geäußert. Im *Manifest der Kommunistischen Partei* heißt es 1848: „An die Stelle der alten bürgerlichen Gesellschaft mit ihren Klassen und Klassengegensätzen tritt eine Assoziation, worin die freie Entwicklung eines jeden die Bedingung für die freie Entwicklung aller ist."[2] Die politische Utopie tritt als ethische Orientierung in den Hintergrund. Alle Blicke richten sich darauf, wie sich politische Zielvorstellungen konkret umsetzen lassen.

Auf die Krise des Marxismus sowjetischer Prägung in der ersten Hälfte des 20. Jahrhunderts antwortete der Neomarxismus mit einem Rückgriff auf die Utopie. Nicht nur in seinem frühen Buch *Geist der Utopie* aus dem Jahr 1918, vor allem in seinem Hauptwerk *Das Prinzip Hoffnung* bereitet Ernst Bloch der Utopie wieder eine Heimstatt im Horizont des Marxismus. Doch weiterhin sucht er im Sinne von Marx nach konkreten Umsetzungschancen der Utopie. Noch 1968 stellt er fest: „Wenn wir nicht die Weichen stellen, dann wird das, was objektiv-real möglich ist und als solches utopisch vorgedacht werden kann, nie realisiert werden. (. . .) Auf diesen Begriff, den utopisch-prinzipiellen Begriff, kommt es an, ihn zu entwickeln ist das sogenannte Gebot der Zeit. Die Zeit ist voll davon, sie selber ist schwanger von diesem Begriff. Er ist fast mit Händen zu greifen."[3]

---

[1] Friedrich Engels, Die Entwicklung des Sozialismus von der Utopie zur Wissenschaft (1880), MEW Bd. 19, Berlin 1972, 209

[2] Marx, Engels, Manifest der Kommunistischen Partei (1848). MEW Bd. 4, Berlin 1972, 482

[3] Ernst Bloch, Ideologie und Utopie (1968); in: Abschied von der Utopie – Vorträge, Frankfurt/M. 1980, 75

Daher bildet Bloch den Begriff der *konkreten Utopie*: Idealvorstellungen müssen sich soweit konkretisieren lassen, dass sie in den Bereich des Möglichen gelangen. Dass sich in der Utopie im klassischen Sinne ethische Orientierungen präsentieren, um derart einen politisch ethischen Maßstab für die Gegenwart zu ergeben, diese Dimension geht unter dem sozialen Realisierungszwang weitgehend verloren.

Aber spielt das *Projekt Weltethos* nicht in der Tat die Rolle einer konkreten Utopie? Denn es erscheint zwar schwierig und fern, aber doch auch nicht völlig unmöglich, wenn es zum interreligiösen und damit interkulturellen Frieden beitragen möchte. „Warum", fragt Hans Küng, „sollte die Menschheit, die in ihrer langen Geschichte bestimmte Bräuche wie Inzest, Kannibalismus und Sklaverei abgeschafft hat, in einer völlig neuen weltgeschichtlichen Konstellation etwa nicht auch die *Kriege* aufgeben können? Kriege gehören ja keineswegs wie Aggressivität und Sexualität zur Menschennatur, sind nicht angeboren, sondern angelernt und können durch kriegslose, friedliche Konfliktreglung ersetzt werden."[1]

3. Von der konkreten Utopie zum Pragmatismus

Im Umfeld des Sozialismus möchte man indes auch heute noch an einer konkreten Umsetzung von Utopien festhalten, wiewohl manchmal auch moderater, geht es nicht mehr um eine revolutionäre Praxis im Stile Lenins, sondern eher um eine reformorientierte der Sozialdemokratie. Die Worte Johano Strassers stehen demgemäß noch unter dem Realisierungszwang, wenn er 1992 schreibt: „die (. . .) Vorstellung einer unbegrenzten (. . .) Vervollkommnungsfähigkeit des Menschen eröffnet im Prinzip die Möglichkeit, sich einem Idealzustand in reformerischen Schritten, (. . .) zu nähern."[2]

---

[1] Küng, Projekt Weltethos (1990), 117
[2] Johano Strasser, Utopie und Freiheit; in: Richard Saage (Hrsg.): Hat die politische Utopie eine Zukunft? Darmstadt 1992, 169

Mancher Marxist will auch im 21. Jahrhundert nicht als Utopist erscheinen und lehnt utopisches Denken als bürgerlich ideologisch oder affirmativ ab, wenn nicht als reaktionär, um indirekt doch an so etwas wie einer konkreten Utopie Blochs festzuhalten. 2008 schreibt Slavoj Žižek zum 40. Jahrestag der Pariser Mai-Unruhen: „Das einzig wahre Erbe von '68 wird am besten in der Formel auf den Punkt gebracht: (. . .) Seien wir Realisten – und fordern wir das Unmögliche! Die wahre Utopie ist der Glaube daran, dass es zum existierenden Weltsystem keine Alternativen gibt. Der einzige Weg realistisch zu sein besteht darin, sich etwas auszudenken, das innerhalb der Koordinaten des bestehenden Systems unmöglich erscheint."[1]

Doch angesichts des grausamen Scheiterns politischer Idealvorstellungen im 20. Jahrhundert erwuchsen dem utopischen Denken viele Kritiker. Wie Joachim Fest oder Ernst Nolte verdächtigen sie das utopische Denken, totalitäre Gesellschaftsvorstellungen zu befördern. Vor allem Karl Raimund Popper zog in seinem 1945 erschienen Werk *Die offene Gesellschaft und ihre Feinde* eine Linie vom utopischen Denken Platons bis zu Marx, die er als Perspektive einer geschlossenen Gesellschaft präsentiert. Diese unterwirft das Individuum wie das Denken totalitär politischen Idealvorstellungen.

Einem solchen utopischen Denken setzt Popper eine Perspektive entgegen, die keineswegs auf die Gestaltbarkeit der Welt verzichtet, diese aber pragmatisch im überschaubaren Rahmen belassen möchte. Er schreibt: „Statt als Propheten zu posieren, müssen wir zu den Schöpfern unseres Geschicks werden. Wir müssen lernen, unsere Aufgaben zu erfüllen, so gut wir nur können, und wir müssen auch lernen, unsere Fehler aufzuspüren und einzusehen."[2]

---

[1] Slavoj Žižek, Das wahre Erbe des Jahres 1968; in: Süddeutsche Zeitung, 3.,4. Mai 2008, 17

[2] Karl Raimund Popper, Falsche Propheten – Hegel, Marx und die Folgen – Die offene Gesellschaft und ihre Feinde Bd. II (1945), 2. Aufl. Bern, München 1970, 347

Im Grunde bereitet der Neomarxismus selbst noch mit seiner Vorstellung einer konkreten Utopie dem Pragmatismus und damit der Verabschiedung der politischen Utopie den Boden, den seine Kritiker wie Popper weiter bearbeiten. Auch das *Projekt Weltethos* beseelt ein gewisser Pragmatismus, plädiert Hans Küng schließlich für eine Ethik der Verantwortung und lehnt eine reine Gesinnungsethik ab, fordert er den Blick auf die konkrete Situation, in der ethisch gehandelt werden muss. „Normen ohne die Situation sind leer;" schreibt Küng, „die Situation aber ohne Norm ist blind. Vielmehr: Die Normen sollen die Situation erhellen, und die Situation die Normen bestimmen. Gut, sittlich ist also nicht einfach das abstrakt Gute oder Richtige, sondern das konkret Gute oder Richtige: das Angemessene."[1]

Richard Rorty zweifelt an den traditionellen Elementen des utopischen Denkens wie Gerechtigkeit und Gleichheit: „Wer jetzt versucht, das sozialdemokratische Standardszenario von der Gleichheit der Menschen, das unsere Großeltern um die Jahrhundertwende schrieben, auf den heutigen Stand zu bringen und neu zu schreiben, hat nicht viel Erfolg damit."[2] Der seit Marx betonte Anspruch auf Umsetzung utopischer Ideen endet nicht nur im Machbaren, verzichtet entweder auf die unmögliche Umsetzung von Idealen oder reduziert diese eben auf das Alltagstaugliche.

Andererseits lassen sich just solche Zielvorstellungen heute kaum noch allgemein anerkannt formulieren. Denn selbst wenn man auf den Totalitarismusvorwurf gegenüber der politischen Utopie verzichtet, könnte ihr Niedergang nicht nur damit zu tun haben, dass der sowjetische Versuch scheiterte, die Welt humaner zu gestalten. Die Klassengegensätze um 1900 – ohne dass sie verschwunden wären – sind heute diffuser geworden. Die demokratischen Gesellschaften verlieren an Einheitlichkeit, werden pluralistischer. Ideale politische Entwürfe büßen

---

[1] Küng, Projekt Weltethos (1990), 82
[2] Rorty, Kontingenz, Ironie und Solidarität (1989), 148

dementsprechend an verallgemeinerbarer Attraktivität ein. Erfasst das auch das *Projekt Weltethos*? Sollte es sich daher utopischer Bezüge tunlichst enthalten? Aber die *Weltethos-Erklärung* beansprucht gerade die Verallgemeinerbarkeit ihrer ethischen Prinzipien. Setzt das *Projekt Weltethos* damit das utopische Denken womöglich ungewollt fort? Es will sich ja auch nicht mit dem marxistischen Realisierungszwang zufrieden geben.

Hat sich der Realisierungszwang indes im utopischen Denken nicht verschoben? Kehrt er nicht in der technischen Utopie wieder, anstatt zu verschwinden? Denn gegenüber der politischen Utopie – die durchaus diverse Varianten im 20. Jahrhundert entwickelt hat: anarchische, liberale, feministische, ökologische – breiten sich gleichzeitig zunehmend technische Utopien aus. Und sie verlängern den Geist einer machbaren konkreten Utopie, wie er bei Marx begann, dessen historische Perspektive ja gleichfalls einen technischen Antrieb besitzt: der Fortschritt der Produktivkräfte – also Technologien, Wissenschaften, Fertigkeiten und Arbeitsorganisation – soll den Weg in den Sozialismus und darüber hinaus bahnen.

Was jedoch bei Marx noch optimistisch klingt, nimmt vor allem in der ersten Hälfte des 20. Jahrhunderts vor dem Hintergrund von Faschismus und Stalinismus zunächst eher pessimistische Züge an. Technische Utopien schildern zumeist Horrorszenarien, in denen der Mensch der Technik zum Opfer fällt, verwandeln sich die Utopien in Dystopien. Die berühmteste Dystopie ist sicherlich George Orwells Roman *1984*, der den totalen Überwachungsstaat schildert. Fritz Langs Film *Metropolis* zeigt bereits 1927 eine in einer futuristischen technischen Welt lebende hierarchisch streng gegliederte Gesellschaft, deren Oberschicht im Luxus schwelgt und deren Unterschicht im Elend arbeitet, überwacht von einem Diktator – also die heutige Realität, die nur den Diktator nicht überall nötig hat.

Nicht dass dergleichen pessimistische Erwartungen gegenüber der Technik in der zweiten Hälfte des 20. Jahrhunderts folglich aufgehört hätten, weil sie sich einstellten. Im Gegenteil, vor allem Atom-, Gen- und Computertechnologie wecken vielerorts Befürchtungen, die gleichfalls als abschreckende Szenarien geschildert werden, sei es journalistisch, literarisch oder filmisch – Steven Spielbergs Film aus dem Jahr 2001 *Künstliche Intelligenz* antizipiert beispielsweise eine Welt, in der Roboter menschliche Züge annehmen. Der Globalisierungskritiker Jeremy Rifkin fragt mit dem Blick auf genetische Eingriffe: „Wie werden wir in einer Gesellschaft, in der immer mehr Menschen ihren Genotyp klonen und schließlich nach Design-Spezifikationen und technischen Standards maßschneidern, jenes Kind ansehen, das nicht geklont oder maßgeschneidert ist?"[1]

Gleichzeitig steigern sich die Erwartungen und Hoffnungen auf die Entwicklung neuer Technologien, die von Wissenschaftlern, Wirtschaftsvertretern und Politikern geweckt werden. Kaum noch denkt man an die Beseitigung von Hunger und Armut auf der Welt, was technisch längst machbar wäre. Statt solche sozialpolitische Utopien zu entwerfen, hofft man auf eine Eroberung des Weltraums, auf ein Ende der Krankheiten, auf dramatische Lebensverlängerung, hinter der die Vision der Unsterblichkeit aufleuchtet. Der FAZ-Mitherausgeber Frank Schirrmacher publizierte dazu 2001 einen Diskussionsband unter dem signifikanten Titel: *Die Darwin AG. Wie Nanotechnologie, Biotechnologie und Computer den neuen Menschen träumen*. Dabei geht es primär um die Möglichkeiten der Verbesserung bzw. Optimierung des Menschen selbst durch technologische Eingriffe in seinen Körper.

Allerdings sieht man sich nun mit dem Phänomen konfrontiert, dass dieselbe technologische Perspektive utopisch sowohl positiv als schieres Paradies, wie auch negativ als apokalyptisches Horrorszenario entworfen wird. Gleichzeitig erwarten die einen beispielsweise von der Biotechnologie die beinahe unendliche Lebensverlängerung, während andere soziale und

---

[1] Jeremy Rifkin, Der embryonale Marktplatz, *Süddeutsche Zeitung* 14.-16.4.2004, 13

individuelle Selektion und gezielte Menschenzüchtung ankündigen. Historisch blickt man auf gewaltige technische Fortschritte und gleichzeitig erlebt man immer wieder technische Katastrophen. Oder diverse neue Technologien dringen in das Alltagsleben ein und gestalten es längst nicht immer zu jedermanns Vorteil um.

Im Unterschied zur klassisch politischen Utopie, aber ähnlich wie die marxistische konkrete beruht jede technische Utopie darauf, dass sie irgendwie realisierbar erscheinen muss. Was wissenschaftlich absolut undenkbar ist, würde höchstens als *Science fiction* interessieren. Trotzdem sieht sich die technische Utopie gerade durch diese unterschiedlichen Perspektiven damit konfrontiert, dass ihre Realisierung gleichzeitig absolut verstellt sein könnte: Im Lichte der negativen Variante beispielsweise der totalen genetischen Kontrolle, so dass den Menschen passende Lebenswege zu ihrer genetischen Veranlagung vorgeschrieben werden, verblasst die positive Variante der Besiegung der Krankheiten. Sie werden nicht wirklich so besiegt, dass sich die Menschen ihren Neigungen ohne Reue hingeben können. Vielmehr dürfen Menschen mit einer bestimmten Gen-Struktur bestimmte Berufe nicht ausüben.

Die technische Utopie gewinnt derart jenes Moment des Utopischen zurück, das den klassischen Utopien noch eignete: anders als im fortschrittsorientierten Denken von Marx erscheint die Realisierung technischer Utopien häufig eher verstellt. Dementsprechend bemerkt Thomas Macho, dass die „Katastrophenängste, die sich mit den technischen Zukunftsvisionen assoziieren, deren utopische Pointe zu retten versuchen. Die Beschwörung der Katastrophen erinnert daran, dass nicht alles machbar ist."[1] Eben einerseits erscheint es machbar – die notwendige Voraussetzung für eine technische Utopie und ein Anschluss an den Realisierungszwang marxistischer Proveni-

---

[1] Thomas Macho, Technische Utopien und Katastrophenängste; in: Gegenworte. Zeitschrift für den Disput über das Wissen. Heft 10, Herbst 2002

enz –, andererseits erscheint es so wenig wünschenswert, was seine Machbarkeit letztlich verstellt – der Anschluss an die klassische Utopie, die gar nicht realisiert werden sollte.

Treten vor einem solchen Hintergrund utopisches und weltethisches Denken doch auseinander? Oder stellt sich darin die Frage, wie man ein Weltethos technologisch umsetzen könnte, was denn die weltethische Intention wiederum verschöbe? Ist das *Projekt Weltethos* damit definitiv keine Utopie?

Doch in den aktuellen Debatten über Gen- und Biotechnologie erobern technische Utopien durchaus eine wichtige originär utopische Rolle zurück, die letztlich an den Gedanken eines Weltethos heranreicht. Sie spielen experimentell frühzeitig durch, wohin moderne Technologien führen können. Sie problematisieren, ob das Klonen von Menschen beispielsweise die Menschenwürde verletzt. Ist Lebensverlängerung wirklich eine höchste ethische Orientierung der Medizin, wenn man sich die möglichen politischen und sozialen, vor allem aber individuellen Konsequenzen vor Augen führt, die daraus entstehen können, beispielsweise eine immer älter werdende Gesellschaft oder ein nicht endender qualvoller Tod? Sollte man sich daher mit der utopischen Spekulation der ethischen Norm der Lebensverlängerung den Spiegel vorhalten?

Aber möchte sich das *Projekt Weltethos* nicht gerade von solchen aktuellen und umstrittenen Fragen fernhalten? „In umstrittenen konkreten Fragen wie Abtreibung oder Sterbehilfe", so Hans Küng, „sollten keine gleichmachenden Forderungen an andere Nationen, Kulturen und Religionen nach gleicher moralischer Praxis erhoben werden."[1] Das Weltethos zielt erklärtermaßen nur auf wirklich verallgemeinerbare Grundnormen und will die kulturellen Unterschiede keinesfalls einebnen: Also doch kein utopische Perspektive?

Indes beteiligen sich technische Utopien derart nicht nur an den aktuellen ethischen Debatten. Vielmehr verlängern sie

---

[1] Küng, Weltethos für Weltpolitik und Weltwirtschaft (1997), 3. Aufl. München 1998, 137

dadurch die politische Utopie ins Ethische hinein und bringen damit die Utopie an den Ort zurück, wo sie ursprünglich die politischen Utopien beheimatete. Nicht nur dass jede technische Utopie politische Konsequenzen nach sich zieht, wenn sie zudem die Frage stellt, in welcher Gesellschaft man letztlich leben will, bereitet sie auch den Boden für die Rückkehr der politischen Utopie. Will man eine Gesellschaft, in der beispielsweise jeder zum Gentest oder zur Impfung gezwungen werden darf? Hat man auch ein Recht auf Nichtwissen, wenn man gegen genetisch diagnostizierte Krankheiten keine Therapien besitzt, oder wenn sich der Einzelne nicht in die Hände der Medizin begeben möchte? Darf man auch ungesund leben – auch wenn sich das womöglich auf andere auswirkt? Oder ist man der Medizin längst ausgeliefert wie im Mittelalter der Kirche? Braucht man irgendwann ein Recht auf Sterblichkeit? Bzw. darf man sich der Unsterblichkeit entziehen, wenn man z.B. wie die Amish-People in den USA, auf moderne Technik völlig verzichtet und nach wie vor das Leben des 16. Jahrhunderts lebt?

4. Utopie als ethische Orientierung

Damit verschiebt sich jener unutopische Aspekt des Utopischen in den Hintergrund, ob sie sich verwirklichen lässt. Stattdessen avanciert sie gerade in der technischen Utopie zum ethischen Maßstab, mit dem sich die politischen und sozialen Verhältnisse beurteilen lassen. Max Weber erkennt, dass wissenschaftliche Begriffe die Wirklichkeit nicht erfassen können, wie sie ist. Stattdessen muss man sie gemäß der Logik ihres Gegenstandes konstruieren, sollen sie derart einen idealen Typus dessen entwerfen, was sie in der Wirklichkeit begreifen wollen. Dann dienen sie zur Beurteilung dieser Wirklichkeit, können diese ausmessen. Verwirklicht werden sollen sie nicht. Aber ohne eine solche Begriffsbildung lässt sich die Wirklichkeit nicht objektiv erfassen. Webers Konzept des Idealtypus „ist ein Gedankenbild, welches nicht die historische Wirklichkeit oder gar die ‚eigentliche' Wirklichkeit *ist*, welches noch viel weniger dazu da ist, als ein Schema zu dienen, *in* welches die Wirklichkeit als *Exemplar* eingeordnet werden sollte, sondern welches die Bedeutung eines rein idealen *Grenz*begriffes hat, an welchen die Wirklichkeit zur Verdeutlichung bestimmter bedeutsamer Bestandteile ihres empirischen Gehaltes *gemessen*, mit dem sie *verglichen* wird."[1]

Dass wissenschaftliche Begriffe nur idealtypischen Charakter haben – auch philosophische, von alltagssprachlichen ganz zu schweigen – vermerkt, dass auch die modernen Wissenschaften nicht in der Lage sind, die Welt an sich zu erfassen, dass vielmehr ihre Objektivität immer subjektiv bleibt, weil Menschen nun mal autopoietische Wesen sind und die Welt nur durch ihre eigenen Vermögen verstehen können, was alle Expertenherrschaft, gerade auch die wissenschaftliche in Frage stellt, auf die sich heute Demokratien fleißig berufen, um die Unterwerfung ihrer Bürgerinnen scheinbar legitimiert sicherzustellen.

In diesem Sinne dient auch die Utopie zur subjektiv-objektiven Beurteilung der Wirklichkeit. Doch sie entfaltet zugleich eine ethische Kraft, einen ethischen Appell, der zur Orientierung an ethischen Prinzipien und Werten – wie Menschenwürde oder globale Standards – aufruft. Sie verlangt aber nicht nach der Realisierung einer bestimmten idealen Zielvorstellung, sowenig wie Max Webers wissenschaftlicher Begriff die Wirklichkeit adäquat zu erfassen und wiederzugeben vermag.

Man kann mit entsprechenden utopischen Szenarien vorführen, wie bestimmte gesellschaftliche und technische Strukturen die Menschenwürde von Behinderten verletzen. Oder wie weltweite Verarmung zur Plünderung des Planeten führen wird, um an das heute beinahe vergessene ethische Prinzip gerechter Güterverteilung zu erinnern. Oder wie hohe Umwelt-

---

[1] Max Weber, Die ‚Objektivität' sozialwissenschaftlicher und sozialpolitischer Erkenntnis (1904), Aufsätze zur Wissenschaftslehre, 4. Aufl. Tübingen 1973, 194

standards das menschliche Leben auf dem gesamten Planeten verbessern würden, um zur Internalisierung ökologischer Orientierungen beizutragen. Oder wie globale ethische Standards die interreligiöse Kommunikation intensivieren, um dadurch dem Konflikt der Kulturen zu begegnen.

Angesichts dessen, dass seit ca. 250 Jahren die Menschen mit technischer und wissenschaftlicher Gewalt die Welt ungeheuer intensiv umgestalten und dabei immer wieder fatale Nebenwirkungen produzieren, kommt es heute allemal eher darauf an, mehr nachzudenken, als ein weiteres Mal eiligst zu handeln. Dazu regen Utopien an. In der Tat, es geht heute allem Krisengeschrei zum Trotz nicht primär um das Handeln, sondern um das Denken! Martin Heidegger warnt bereits 1952: „Was ist das Bedenklichste? Woran zeigt es sich in unserer bedenklichen Zeit? Das Bedenklichste zeigt sich daran, dass wir noch nicht denken. Immer noch nicht, obgleich der Weltzustand fortgesetzt bedenklicher wird. Dieser Vorgang scheint freilich eher zu fordern, dass der Mensch handelt, statt in Konferenzen und auf Kongressen zu reden und dabei sich im bloßen Vorstellen dessen zu bewegen, was sein sollte und wie es gemacht werden müsste. Demnach fehlt es am Handeln und keineswegs am Denken. Und dennoch – vielleicht hat der bisherige Mensch seit Jahrhunderten bereits zu viel gehandelt und zu wenig gedacht."[1]

Das marxistische und neomarxistische Denken, das die Utopie konkret umsetzen will, liefert sich diesem Handlungszwang aus. Damit verlässt es gerade die utopische Perspektive, da Thomas Morus und Campanella noch gar nicht an die Umsetzung ihrer Utopien dachten. Nach der Epoche des Handlungszwangs und mitten im Pragmatismus müssen Utopien heute dagegen überhaupt zum Nachdenken anregen, ohne dass daraus unmittelbar ein Handeln folgt. Dann hat Ingeborg Bachmann recht, wenn sie die Literatur als eine Utopie bezeichnet, die mit

---

[1] Heidegger, Was heißt Denken? (1952), Vorträge und Aufsätze. Pfullingen 1954, 130

ihrer literarischen Sprachkraft den Menschen Hoffnung gibt und sie träumen lässt: „Die Literatur aber, die selber nicht zu sagen weiß, was sie ist, die sich nur zu erkennen gibt als ein tausendfacher und mehrtausendjähriger Verstoß gegen die schlechte Sprache – denn das Leben hat nur eine schlechte Sprache – und die ihm darum ein Utopia der Sprache gegenübersetzt, diese Literatur also, wie eng sie sich auch an die Zeit und ihre schlechte Sprache halten mag, ist ob ihres verzweiflungsvollen Unterwegsseins zu dieser Sprache zu rühmen und nur darum ein Ruhm und eine Hoffnung der Menschen. Ihre vulgärsten und preziösesten Sprachen haben noch Teil an einem Sprachtraum. Jede Vokabel, jede Syntax, jede Periode, Interpunktion, Metapher und Symbol erfüllen etwas von unserem nie ganz zu verwirklichenden Ausdruckstraum. (. . .) Es gilt weiter zu schreiben."[1]

Wenn sich die Utopie heute weniger konkret präsentiert, wenn es ihr nicht mehr unmittelbar um das Handeln geht, wenn zu ihr die Selbstreflexion, das Denken und das Schreiben gehören, verliert sie trotzdem nicht ihre großen Ideale. Im Gegenteil, sie avancieren zu ethischen Orientierungen, die derart säkular bzw. jenseits religiöser Orientierungen begründet werden. Daher sollte man die Utopie wieder als Utopie verstehen, als Utopie vor allem der sozialen Gerechtigkeit, aber beispielsweise auch der Freiheit, nicht zuletzt – besonders im Hinblick auf das *Projekt Weltethos* – des Friedens, die sich nicht unmittelbar verwirklichen lassen, die aber zu denken geben, an denen man sich in der heutigen Gesellschaft orientiert, auf die hin man lebt. Will man die Utopie gerade nicht verabschieden und damit würde man die großen Ideale und Werte der abendländischen Kultur aufgeben, will man vielmehr

---

[1] Ingeborg Bachmann, Literatur als Utopie – Probleme zeitgenössischer Dichtung (1958); in: Schönherr-Mann: Utopia reloaded! Über Aufstieg, Fall und Wiedergeburt einer Idee, Radioessay. 55 Min., Bayerischer Rundfunk Nachtstudio, 1.7.2008 (BR-Archiv: Manuskript S. 23)

an diesen festhalten, dann muss man zum ursprünglichen Sinn der Utopie als ethischem Ideal zurückkehren.

Nur solange, wie die Utopie Utopie bleibt – mag es auch paradox klingen –, kann sie dem Leben eine Richtung anzeigen und ihm ethische Normen als Orientierungen anbieten. Wenn diese wie auch immer verwirklicht werden, dann veralltäglichen sie und verlieren ihre orientierende Kraft. So bemerkt Leonhard Reinisch: „Doch für viele (. . .) ist Utopie eine Position, ein Teil ihrer Existenz, die andere Hälfte ihrer Wirklichkeit; sie ist ihnen mehr als Hoffnung mehr als Prinzip Hoffnung, sie ist ihnen das Ziel, das ihrem Leben eine Richtung gibt, das sie herausreißt, heraufhebt aus dem bloß privaten Für-sich-Leben, (. . .), aus dem ängstlichen Sich-Aufreiben an den täglichen Notwendigkeiten oder auch aus der Versuchung, frech und rücksichtslos die Wettbewerbschancen auszunützen; (. . .) Ziel-Geben, eine Lebens-Richtung-Setzen, dies eben leistet die Utopie (. . .).“[1]

Utopien unterstützen ethische Leitbilder bzw. stellen selber solche dar. Verzichtet man auf Utopien, verlieren ethische Leitbilder zahlreiche rationale oder auch tropische Argumente, würde das die Ethik massiv schwächen, den Krieg aller gegen alle fördern. Wer auf eine humane Zukunft setzen will, der braucht die Utopie nicht nur als Triebfeder des Nachdenkens, vielmehr vor allem als ethische Orientierung, somit als Wohnort des Menschen auf der Erde, was man im antiken Griechenland als Ethos bezeichnete. Der menschliche Wohnort bzw. das Ethos kann sich als Utopie in vielen Formen präsentieren, für Ingeborg Bachmann vor allem als Literatur: „Literatur als Utopie, der Schriftsteller als utopische Existenz, die utopischen Voraussetzungen der Werke. (. . .) Lassen sie mich (. . .) schließen mit dem Wort (. . .) von dem französischen Dichter René Char: Auf den Zusammenbruch aller Beweise

---

[1] Leonhard Reinisch, Eine Utopie – genannt Frieden, Bayerischer Rundfunk, Fragen unserer Zeit, 29.12.1972 (BR-Archiv: Manuskript S. 1).

antwortet der Dichter mit einer Salve Zukunft."[1] Man kann nur hoffen, dass derart die Utopie nach ihrem Ende wiederkehrt, weil sie auch das wissenschaftliche und technologische Wissen relativierend in Frage stellt.

Auch die politische Utopie trägt wesentlich zur Diskussion und zur Entfaltung bestimmter ethischer Orientierungen in Politik und Gesellschaft bei – gleichgültig ob sie sich heute eher im Film, in der Literatur oder im Feuilleton vorführt. Sie zeigt einem Pragmatismus in der Politik die ethischen Grenzen auf. Sie nimmt ihn ethisch in die Pflicht, sich beispielsweise über langfristige Wirkungen pragmatischer Politik Gedanken zu machen. Insofern sind politische Utopien Gedankenexperimente, die höchstens mittelbar nach Umsetzung verlangen. In ihnen gibt vielmehr das Bedenkliche zu denken. Sie decken Chancen und Risiken bestimmter Konzeptionen und Entwicklungen auf. Sie problematisieren dabei die Rolle von Humanität und Sittlichkeit und entwickeln sie weiter. Sie setzen oder begründen ethische Werte.

Just an dieser Stelle begegnen sich denn das utopische und das weltethische Denken. Das Weltethos ist für Hans Küng, „der Grundkonsens bezüglich verbindlicher, unwiderruflicher Maßstäbe und Grundhaltungen, die von allen Religionen trotz ihrer dogmatischen Differenzen bejaht, ja auch von Nichtgläubigen mitgetragen werden können."[2] Das impliziert einerseits die ungebrochene ethische Tradition. Andererseits betont das eine neue Perspektive, die bisher zumindest im interreligiösen Verhältnis keine Rolle spielte, dass nämlich die Gemeinsamkeit von ethischen Werten interkulturell die Individuen miteinander verbindet, was ja angesichts religiöser wie ideologischer Konflikte offenbar nicht der Fall war. Die Anerkennung dieser Werte integriert bisher in die eigne Gemeinschaft, die ihrerseits auf der Abgrenzung von anderen Gemeinschaften beruht.

---

[1] Bachmann, Literatur als Utopie (2008), (32).
[2] Küng, Weltethos für Weltpolitik und Weltwirtschaft (1998), 132.

Zwar kehrt ein solcher Gemeinschaftsgeist vornehmlich vor religiösem Hintergrund heute häufig wieder. Doch das geschieht angesichts sich durchaus weltweit ausbreitender Individualisierungsprozesse, die nicht nur die traditionellen Lebensformen bedrohen. Sie entstehen auch zumindest parallel zum Niedergang traditioneller Mächte wie Nationalstaaten, Parteien und Kirchen und sozialer Institutionen wie der Familie, Stände und Verbände. Dominierte das Interesse – gleichgültig ob das der Klasse, der Nation oder der Familie – das Denken des 19. und 20. Jahrhunderts, so deutet sich gegen dessen Ende hin ein Wandel an. Die Ethik tritt aus dem Schatten des Interesses wieder heraus und gewinnt gerade für die individuelle Identität zunehmend an Bedeutung. Die Menschen definieren sich heute stärker als früher selbst durch ethische Orientierungen, seien es die Ökologie, das naturnahe gesunde Leben, der Einsatz für Menschenrechte, soziale Hilfsprojekte oder den Widerstand gegen diverse Formen der Diskriminierung oder gegen technologische und ökonomische Projekte.

Dabei avancierte Widerständigkeit seit der Sozialbewegung des 19. Jahrhunderts zu einer ethischen Tugend, die sich zumeist aus einer utopischen Quelle speist, die einerseits wesentlich den Prozess der Individualisierung beschleunigte, andererseits diesen auch terroristisch depravieren liess. Heute noch entfaltet sich in neuen Bewegungen wie beispielsweise den radikalen Klimaschützern oder vor 20 Jahren den Globalisierungsgegnern ein utopisches Potential, werden von deren Widerstand politische, soziale und ethische Debatten angestoßen.

Inwieweit in dieser Widerständigkeit als solcher bereits ein utopisches Element siedelt, darf freilich bezweifelt werden. Im Jahr 2000 erschien in den USA ein Buch mit dem Titel *Empire*, das der amerikanische Literatur-Professor Michael Hardt und der marxistische Theoretiker Antonio Negri zusammen herausbrachten und das in der westlichen Linken eine lebhafte Debatte entfachte. Die Widerständigkeit gegen die globale Übermacht des Kapitalismus, die es dabei betont, müsste aus sich heraus eine Utopie entwickeln, in der sie die ethischen Normen ihres eigenen Tuns diskutiert und bestimmt. Sie darf die Utopie aber nicht zum Zweck und letzten Ziel erheben, die jedes Mittel heiligen.

Im Grunde hat sich aber auch das Ideal der Widerständigkeit im 20. Jahrhundert nicht selten zum Selbstzweck erhoben, um derart sehr fatale Handlungsweisen bzw. beinahe jede Form der Gewalt zu legitimieren. Dieses Problem erkannte Albert Camus, wenn er 1949 in seinem Drama *Die Gerechten* den russischen Anarchisten Kaliajew die Worte sagen lässt: „Einem fernen Staat zuliebe, dessen ich nicht sicher bin, werde ich meinen Brüdern nicht ins Gesicht schlagen. Ich will nicht um einer toten Gerechtigkeit willen zur bestehenden Ungerechtigkeit beitragen. (. . .) Kinder töten ist wider die Ehre. Und wenn sich eines Tages die Revolution von der Ehre abkehren sollte und ich noch lebe, dann werde ich mich von der Revolution abkehren."[1] So spielt heute die Widerständigkeit sowieso nur dort eine ethische und somit eine utopische Rolle, wo sie auf Gewalt verzichtet. Um so legitimierter erscheint sie freilich angesichts der expertokratischen Züge der Corona-Politik.

Derart bereitet die Utopie einer Wiederkehr der Ethik den Weg, wenn heute die Menschen sich stärker als früher durch ihre ethischen Orientierungen und weniger durch ihre Interessen definieren. Dann verkörpert Widerständigkeit nämlich einen ethischen Wert, verteidigt man seine ethischen Ideale, nicht so sehr seine eigenen Interessen. Derart stiften diese ethischen Orientierungen eine interkulturelle Gemeinsamkeit zwischen den Menschen, die die *Weltethos-Erklärung* auf den Begriff bringt, durch die das *Projekt Weltethos* ein Fundament erhält, von dem aus es eine ethisierende Kraft entfaltet. Wenn andererseits die *Erklärung zum Weltethos* den Mangel an großen Visionen in der Politik konstatiert, dann scheint sie anzuerkennen, dass zur Lösung der globalen Probleme nicht nur die Religionen, sondern auch die Wissenschaften beitragen. Ja, sie bezeichnet das *Projekt Weltethos* selber als Vision, im Grunde

---

[1] Albert Camus, Die Gerechten (1949), Dramen, Hamburg 1959, 206.

im Sinne Ernst Blochs also als eine philosophische Perspektive. Just an dieser Stelle sieht man auch, dass der Weg noch ein sehr weiter sein wird, die Idee des Weltethos eine utopische Dimension entwickelt, bei der es zunächst jedenfalls im Sinne der klassischen Utopien weniger um die Realisierung geht, als um die Bekräftigung der proklamierten ethischen Standards. Sie gilt es anzuwenden, auch wenn sich die Wirkung eines solchen Tuns nicht abschätzen lässt.

Küng will im Sinne der *Rehabilitierung der praktischen Philosophie*, wie es ein von Manfred Riedel Anfang der siebziger Jahre herausgegebener Sammelband programmatisch begreift[1], als die Ethik noch rehabilitierungsbedürftig war, der Ethik ihre öffentliche Rolle zurückgeben, gewinnt das *Projekt Weltethos* philosophische Züge. Damit tritt die Ethik aus dem privaten Bereich wieder ins Licht der Öffentlichkeit und erlangt ihre politische Rolle zurück, die sie im 19. Jahrhundert weitgehend verloren hatte, womit aber auch das Individuum in der Politik wieder an Bedeutung gewinnt.

Heute wird in den Wissenschaften, in Wirtschaft und Politik Ethik wichtiger, man denke an Ethikkommissionen, Ethiklehrstühle, Ethik-Projekte, Ethik-Codes. Nicht erzwungene, sondern freiwillige Anerkennung von Institutionen oder von politischen Beschlüssen konstituiert Macht, die sich nicht auf Bajonette stützen muss, so Hannah Arendts politikwissenschaftlich höchst umstrittene, und doch so einleuchtende, und daher tendenziell utopische These: „Macht entspricht der menschlichen Fähigkeit, nicht nur zu handeln oder etwas zu tun, sondern sich mit anderen zusammenzuschließen und im Einvernehmen mit ihnen zu handeln."[2] Die Ethik setzt seit Kant die Mündigkeit und nicht den Gehorsam des Menschen voraus. Deswegen bleiben Bemühungen juristisch, durch die öffentliche Meinung

---

[1] Vgl. Manfred Riedel (Hrsg.), Rehabilitierung der praktischen Philosophie, 2 Bde., Freiburg 1972-74

[2] Arendt, Macht und Gewalt (1970), 15. Aufl. München, Zürich 2003, 45

oder durch politischen Druck Sprachregelungen durchzusetzen, wie es heute überall stattfindet, mehr als fragwürdig.

Auch autoritäre Regime bemühen sich um die Zustimmung ihrer Bürger, allerdings regelmäßig manipulativ und oppressiv. Die freiwillig Zustimmung erst stabilisiert die politische Macht soweit, dass sie sich nicht mehr ständig autoritärer Mittel bedienen muss – eine ethische Perspektive, die auch das *Projekt Weltethos* beherbergt, die autoritäre Denker indes regelmäßig als Illusion verabschieden möchten, ohne die aber keine politische Stabilität erreicht werden kann, um die es ja solchen autoritären Denker primär geht. „Das Recht", dagegen Küng, „hat ohne Ethos auf Dauer keinen Bestand und es wird deshalb keine neue Weltordnung geben ohne ein Weltethos."[1] Wenn utopisches Denken im Kern ethische Orientierungen propagiert, dann partizipiert die *Weltethos-Erklärung* just an der Utopie, weil sie selbst ein Ethos propagiert, das nun mal schwierig zu verwirklichen ist.

Ohne Zweifel stellt die soziale Gerechtigkeit noch eine utopische Herausforderung an das 21. Jahrhundert dar. Doch der Weltfrieden ist durch die atomare Bedrohung und den Zusammenprall der Kulturen als große wegweisende Utopie hinzugekommen. Kant begriff das vor deren Zeit. Um *Zum ewigen Frieden* hinzuarbeiten, erscheint Kant ein Weltstaat ungeeignet, da die Staaten aus machtpolitischen Gründen nicht auf ihre Souveränität verzichten. Daher „kann an die Stelle der positiven Idee einer Weltrepublik (wenn nicht alles verloren werden soll) nur das negative Surrogat eines den Krieg abwehrenden, bestehenden und sich immer ausbreitenden Bundes den Strom der rechtscheuenden, feindseligen Neigungen aufhalten, doch mit beständiger Gefahr ihres Ausbruchs."[2] Einerseits klammern sich die Staaten noch an ihre Souveränität, andererseits erfährt diese durch die internationale Kooperation gelegentlich auch Einschränkungen.

---

[1] Küng, Weltethos für Weltpolitik und Weltwirtschaft (1998), 147
[2] Kant, Zum ewigen Frieden (1795), AA Bd. 8, Berlin 1968, 357

Hier kehrt implizit Blochs Begriff der konkreten Utopie wieder, geht es dem *Projekt Weltethos* um die Realisierung des Weltfriedens, der nicht in greifbarer Nähe, so doch in ungreifbarer Ferne zu liegen scheint: So bekräftigt die *Weltethos-Erklärung*, „dass sich in den Lehren der Religionen ein gemeinsamer Bestand von Kernwerten findet und dass diese die Grundlage für ein Weltethos bilden. (. . .) dass diese Wahrheit bereits bekannt ist, aber noch mit Herz und Tag gelebt werden muss. (. . .) Es gibt bereits uralte Richtlinien für menschliches Verhalten, die in den Lehren der Religionen der Welt gefunden werden können und welche die Bedingung für eine dauerhafte Weltordnung sind."[1] Die weltethischen Kernnormen verkörpern die Utopie des Weltfriedens, der bis in den Alltag der Menschen hineinreicht, eine Vision primär mit ethisch orientierender Kraft und sekundär mit einer Hoffnung auf Realisierung. Das mögen die Mitglieder der großen Religionsgemeinschaften für überflüssig halten, wenn sie die ethischen Normen der *Weltethos-Erklärung* bereits als in ihren Religionen begründet begreifen. Auch traditionelle Werte weisen den Weg in eine durchaus noch ziemlich ferne Zukunft. Doch in einem säkularen Ambiente überzeugen religiöse Argumente gemeinhin weniger. Solche Überzeugungsarbeit könnte daher jedenfalls das utopische Denken übernehmen, nämlich just den Sinn jener weltethischen Orientierungen bekräftigen, avanciert derart das Weltethos zu einer philosophischen Idee.

---

[1] In: Küng (Hrsg.), Dokumentation zum Weltethos, 16

V. KAPITEL

WELTETHOS UND NEGATIVE ÖKOLOGIE

Menschen partizipieren an verschiedenen Diskursen, in die sie sich geworfen sehen; denn sie beginnen sie sowenig, wie sie sie beherrschen, werden sie vielmehr von diesen Diskursen getrieben, müssen sie sich diesen einpassen. Anders formuliert, sie sprechen verschiedene Sprachen oder benutzen bestimmte Vokabulare, die sie nicht selber erfinden oder konstruieren, mit denen sie mitsprechen oder in denen sie mitspielen. Vor diesem Hintergrund fordert die Globalisierung Menschen heraus, sich an mehr Diskursen beteiligen zu müssen, als sie es gewohnt sind, Diskurse, die zudem sehr unterschiedliche Strukturen und Praktiken entfalten: Unter Bedingungen der Globalisierung sehen sich Menschen mit unbekannten Traditionen, fremden Religionen, ungewöhnlichem Verhalten im Alltag konfrontiert, somit mit herausfordernden Diskursen, mit denen sie nicht angemessen umzugehen vermögen.

Andererseits heißt Globalisierung, dass man überall davon ausgeht, dass eine einzelne eigene Handlung noch Wirkungen auf der anderen Seite des Planeten nach sich zieht, für die der Handelnde nun verantwortlich zeichnet: wenn man in Europa eine Zigarette raucht, sterben in Australien die Leute. Globalisierung heißt primär Globalisierung der Verantwortung, so dass alle für alles, was sie jeweils tun oder unterlassen, als einzelne verantwortlich werden. Ja, man wird auch noch für die Verantwortung der anderen verantwortlich, wenn man diese nicht mahnt oder hindert, besagte Zigarette zu rauchen. Das ist der Ursprung der globalen Ethik. In diesem Sinn kann man von

Weltgesellschaft sprechen, überschreiten nun viele Probleme oder Diskurse den nationalen Rahmen und verbinden Menschen überall in der Welt unter einer planetarischen Perspektive.

1. Ethik und Ökologie als verschiedene Diskurse

Sowohl der ökologische als auch der ethische Diskurs entfalten zugleich globale und lokale Dimensionen, eine hohe lokale Diskursdichte mit einer Vielzahl spezieller Regeln und Praktiken und einer globalen Diskursweite mit wenigen generellen Orientierungen für das Handeln und das Denken. Nicht nur aus diesem Grund könnte man zum Eindruck gelangen Ökologie und Ethik hätten dasselbe Thema.

Doch das ist nicht der Fall. Sie haben höchstens ähnliche Ziele, wenn sie die Lebenswelt sowohl lokal als auch global humaner gestalten möchten. Vom ökologischen Standpunkt aus – wenn man sich auf das Verhältnis zwischen Mensch und Natur unter Bedingungen der Industrie- und Informationsgesellschaft konzentriert – hat die Ethik das Interesse eines mehr oder weniger ewigen Überlebens der Menschheit sowie den Erhalt der globalen Natur und lokalen Umwelt zu exekutieren. Der Erhalt der Existenz avanciert bereits bei Thomas Hobbes zum höchsten Ziel staatlichen wie letztlich auch individuellen Handelns, wenn sich der Bürger dem Souverän widerspruchslos unterwerfen muss. Ob dergleichen in menschheitlicher Perspektive nachhaltigen Sinn ergibt, darf in der Tat bezweifelt werden, antwortete bereits Günther Patzig auf Hans Jonas' Forderung, die Existenz der Menschheit zu sichern, mit der ironischen Bemerkung, dass man dafür höchstens als Argument Hollywoods Prinzip anführen könne: „The show must go on!"[1] Nein, die Menschheit wird wie alle Arten aussterben, was dann kein Mensch mehr zu bedauern vermag.

---

[1] Günther Patzig, Ökologische Ethik – innerhalb der Grenzen bloßer Vernunft, Göttingen 1983, 8

Im Sinne Kants könnte man einen Primat der praktischen gegenüber der theoretischen Philosophie behaupten. Folglich müsste die Ökologie ethischen Ansprüchen dienen; denn praktische Philosophie hat dann den Status einer ersten Philosophie, erhält die Welt nicht nur ihren ethischen Wert, sondern auch ihre allgemeine Signifikanz aus ethischer Perspektive, durch Platons höchste Idee, durch die Sonne des Guten, die alle Dinge sehen lässt, dadurch zu erkennen gibt, ihnen also einen Namen und damit Bedeutung verleiht. Andernfalls könnte man keinen Unterschied zwischen der Lebenswelt und einer Welt wüsten Materials machen, wie man es auf unbewohnten Himmelskörpern vorfindet.

Indes besitzt keine Sprache einen Primat gegenüber einer anderen Sprache, den sie sich selbst als Sprache verdanken könnte, höchstens Ansprüchen, die ihrem Machtwillen entspringen. Daher entfaltet auch die Ethik keinen Primat gegenüber anderen Diskursen. Wenn man zudem die politische und soziale Situation betrachtet, spiegelt sich darin die Konkurrenz der verschiedenen Diskurse, nennt man diese auch Ethik, Ökonomie, oder Religion, die in die jeweils anderen Diskurse eindringen und letztlich vergeblich versuchen, diese zu dominieren. Derart streiten auch der ethische und der ökologische Diskurs sowohl auf globaler als auch lokaler Ebene miteinander um Hegemonie.

Aber treffen sie sich nirgendwo? Bleiben sie voneinander getrennte Diskurse im Sinne der Systemtheorie von Niklas Luhmann, für die sich Systeme zueinander neutral verhalten? Um diese Fragen zu beantworten, muss man die unterschiedlichen Strukturen dieser beiden Diskurse betrachten. Haben sie doch eventuell einen ähnlichen Horizont und vergleichbare Aspekte, wo sie sich begegnen könnten?

Wenn man von absoluten Werten im Sinn von Max Scheler ausgeht, für den Werte materiellen Gegenständen genauso anhaften, wie sie ihren Höhepunkt in der Sphäre des Heiligen finden, oder im Sinn von Leo Strauss, für den dieselben Werte zu Zeiten Abrahams, Jesus' und heute bestehen, dann gerät man nicht nur in einen fundamentalen Konflikt mit anderen ethischen Modellen, sondern auch mit anderen Diskursen, wie beispielsweise dem ökologischen. Trotzdem es gute Gründe für einen Primat der Ethik zu geben scheint, die eine absolute Perspektive eröffnen, verliert eine absolute Ethik andere gleichfalls wichtige Probleme aus den Augen. Denn eine absolute Ethik nimmt keine Rücksicht auf die Lage der handelnden Menschen. Absolute Ethik leitet gerade nicht das Bewusstsein der Verantwortung für die Situation und die Folgen an, sondern nimmt solche Verantwortung ab.

Mit einer ähnlichen Argumentation kann auch ökologisches Denken einen Primat verlangen, beispielsweise dadurch dass sie auf dem Anspruch auf Überleben insistiert, so wie die politische Philosophie normalerweise in der Tradition von Thomas Hobbes argumentiert: Der Zweck des Staates ist – so Hobbes – der Lebensschutz der Bürger und allein deswegen müssen diese dem Staat Gehorsam leisten. Welche Relevanz entwickelt Menschlichkeit, wenn die Existenz der Menschen nicht garantiert ist? Ist die Existenz als solche nicht wichtiger als die Ethik? Muss man nicht jegliche Ethik von der Existenz ableiten?

Um diesen Konflikt zu lösen, gibt es kein rein rationales Argument, da man nun mal auf keinen Metadiskurs zurückgreifen kann, der ein entscheidendes Argument zu liefern in der Lage wäre, um den Streit zu beenden. Keine Sprache oder kein Vokabular, wie es Richard Rorty nennt, besitzt die Autorität, um irgendeinen Primat der Ethik, des Überlebens, der Ökologie, sozialer Notwendigkeiten, des Fußballspiels, der Religion, der Medizin oder der Ökonomie zu definieren. Niemand muss sich von einer solchen Definition verpflichtet fühlen. Alle diese verschiedenen Vokabulare existieren gleichzeitig nebeneinander und bemühen sich um Hegemonie, die sich doch nur gewaltsam durchsetzen ließe – oder durch ein zufälliges bzw. willkürliches Ende der Diskussion, jedenfalls nicht durch die Sprache, durch vernünftige Gründe bzw. durch Vernunft als solche, wie vor allem die Corona-Politik demonstriert, aber auch die Kriegshysterie wie die gewaltsam durchgesetzte Nibelungentreue zu Israel.

Philosophie kann dagegen ihren Anspruch nicht aufgeben, vor allem Fragen zu stellen und besonders auch solche, die sich nicht beantworten lassen, die trotzdem vernünftig sein dürfen. Doch hat Philosophie einzusehen, dass sie keine letzten Gründe angeben kann, d.h. keine letzten Antworten zu formulieren vermag, weil sie nun mal ein innerweltliches Geschäft ist. Das erlaubt eine gewisse ironische Distanz gegenüber der Ethik genauso wie gegenüber der Ökologie, gegenüber allen Vokabularen, die vorgeben, die Welt richtig zu erfassen. Rortys so benannte „'Ironikerin' (. . .) hegt radikale und unaufhörliche Zweifel an dem abschließenden Vokabular, das sie gerade benutzt, weil sie schon durch andere Vokabulare beeindruckt war, Vokabulare, die Menschen oder Bücher, denen sie begegnet ist, für endgültig nehmen."[1] Aber sind Ethik und Ökologie nicht tief ernste Angelegenheiten?

Nach dem „linguistic turn" (Rorty) sind solche Ansprüche freilich fragwürdig geworden, weil Sprache nicht dasselbe ist, wie das wovon sie spricht, es sei denn sie erzeugt es erst. Hat somit Umberto Eco recht? „Vielleicht gibt es am Ende nur eins zu tun, (. . .) die Wahrheit zum Lachen bringen, denn die einzige Wahrheit heißt: lernen, sich von der krankhaften Leidenschaft für die Wahrheit zu befreien."[2]

Natürlich gibt es keine religiösen Lösungen, um die Konflikte zwischen den verschiedenen Diskursen zu lösen, denn für die Religion gilt der Satz genauso, dass wir nicht über unsere letzten Motive verfügen, die verallgemeinerbar wären bzw. die für Menschen gelten würden, die an eine bestimmte Religion nicht glauben. Religiöse Sätze muss man glauben, was nicht durch Gewalt möglich ist, wie Jesus und Mohammed sehr wohl wussten, benötigt religiöser Glaube wie wissenschaftliche

---

[1] Rorty, Kontingenz, Ironie und Solidarität (1989), 127
[2] Umberto Eco, Der Name der Rose (1980, Roman), München 1982, 624

Überzeugung nun mal Freiwilligkeit und darf keinerlei Druck und keinerlei Kontrolle ausüben. Freilich verstoßen Religionen wie Wissenschaften und Philosophien dagegen regelmäßig – eine der zweifellos unerfreulichen Gemeinsamkeiten, wie der ihnen gemeinsame Anspruch, die Welt richtig zu verstehen. Die Menschheit lebt nun mal unter Bedingungen, unter denen ihr gemeinsamer bzw. allgemeiner metaphysischer Komfort abgeht, den immer nur Anhänger bestimmter umfassender Lehren für sich selbst besitzen, ohne ihn anderen vermitteln zu können. Wie der kategorische Imperativ Kants nur die nicht empirische Form einer moralischen Maxime angibt und nicht deren empirischen Gehalt, weiß reine Vernunft so wenig über letzte Angelegenheiten, wie die religiöse Argumentation nur von ihren jeweiligen Gläubigen anerkannt wird. Wie bemerkt Günter Abel: „Entscheidend ist zu begreifen, dass es sich bei den Verhältnissen in Gesellschaft und Staat um Interpretationsverhältnisse handelt, die irreduzibel sind und die nicht auf ‚Die Eine Richtige Interpretation' oder auf einen Set von allgemein verbindlichen materialen Interpretationen reduziert werden können."[1]

Im Zeitalter der Globalisierung prallen verschiedene ethische Systeme oder verschiedene Religionen sowohl auf der lokalen als auch auf der planetarischen Ebene aufeinander. Will man diese Konflikte auf den Weg der Befriedung bringen, bestehen zwei Möglichkeiten, gleichgültig ob man von einer religiösen oder rationalen Position aus argumentiert. In seinem *Projekt Weltethos* sucht Hans Küng in den verschiedenen Religionen gemeinsame Standards und gemeinsame ethische Prinzipien, um diese in eine Liste ethischer Grundwerte aufzunehmen, die mehr oder weniger überall in der Welt Anerkennung finden. In einem ähnlichen Sinn spricht Otfriede Höffe von ethischen Gemeinsamkeiten, wenn er schreibt: „Im Gegensatz zu einem strengen Relativismus stößt der erfahrungsoffene Blick sogar

---

[1] Günter Abel, Sprache, Zeichen, Interpretation, Frankfurt/M. 1999, 375

auf ein derart großes Maß an Gemeinsamkeiten, dass die Moral den Rang eines gemeinsamen Erbes der Menschheit beanspruchen darf."[1] Küngs Projekt stellt ein interreligiöses Unternehmen dar, das einen Blick in die ethischen Traditionen in dem Sinne wirft, in dem Heidegger davon spricht, dass wir nur aus dem bereits Gedachten heraus weiterdenken können. „Erst wenn wir uns denkend dem schon Gedachten zuwenden, werden wir verwendet für das noch zu Denkende."[2]

Eine ähnliche Perspektive – keinesfalls dieselbe – entwickelt John Rawls 1971 bereits in *Eine Theorie der Gerechtigkeit*, wenn er nach den Grundprinzipien der Gerechtigkeit als Fairness sucht und er dazu auf traditionelle bzw. bereits vorhandene ethische Prinzipien zurückgreift, aus denen er dann seine drei berühmten Grundprinzipien auswählt, nämlich das System gleicher Freiheiten für jedermann, Chancengleichheit beim Zugang zu öffentlichen Ämtern und das Prinzip ungleicher Verteilung ökonomischer Güter, bei dem die Benachteiligten möglichst weitgehende Vorteile genießen.

Sicherlich erscheint einer eher religiösen Anstrengung diese Methode problematisch, einerseits, weil es unterschiedliche Strukturen der Begründung ethischer Werte und Normen in den verschiedenen Religionen gibt. Andererseits sind sehr viele Menschen an religiöse ethische Werte gewöhnt und kaum zu einer rein rationalen Argumentation in der Lage. Auch um zu einem Konsens über gemeinsame ethische Werte und Normen zwischen religiös orientierten Menschen zu gelangen, taugen rein rationale Argumente kaum, weil sie nicht über letzte religiöse Gründe verfügen. In der Tat erlaubt Rawls' Argumentation Religionen nicht, ihre eigenen religiösen Gründe in die politische Diskussion um Grundwerte einzubringen. Sie werden gezwungen in einer rein rationalen Weise zu argumentieren.

---

[1] Höffe, Lebenskunst und Moral oder macht Tugend glücklich, 20
[2] Heidegger, Der Satz der Identität, In: ders., Identität und Differenz, Pfullingen 1957, 30

Die andere rein rationale Perspektive, um ethische Werte und Normen rational zu begründen, präsentiert sich als konstruktiv – tendenziell im Sinn von Rawls. Doch wie bereits bemerkt, muss auch eine konstruktive Bemühung den Blick zurück auf die Tradition richten und genau an dieser Stelle begegnen sich beide Anstrengungen um gemeinsame ethische Werte und Normen, gleichgültig ob sie sich universal oder global ausrichten. Natürlich besteht eine Differenz, wie man zu ethischen Prinzipien gelangt bzw. diese entwickelt einerseits durch den Blick zurück auf die Werte, die bereits gelten, und andererseits wenn man weiß, dass der Blick zurück in die Tradition kein letztes Argument darstellt, so dass am Ende gar nichts anderes bleibt, als nach den Zielen und den Methoden zu fragen, um erstere zu realisieren. Diese Perspektive kann selbst eine traditionelle Position schwerlich vermeiden, vor allem wenn sie einsehen muss, dass der Blick in die Tradition gleichfalls nicht in der Lage ist, abschließende Argumente zu formulieren.

Natürlich kann diese konstruktive ethische Anstrengung keinen neuen Menschen erfinden, schon gar nicht in einer globalen Perspektive, wo eine globale Ethik keinen revolutionären Sinn entfalten darf. In der Welt Frieden und internationale oder interkulturelle Kooperation zu verbreiten, allein das erweist sich bereits als ein sehr hoher ethischer Anspruch, wiewohl es sich doch um eine pragmatische Suche nach Möglichkeiten der Kooperation handelt, damit man Gewalt vermeidet und Menschen aus unterschiedlichen Traditionen, Religionen oder Denkweisen zusammenbringt. Das zielt nicht etwa konkret auf einen ewigen Frieden ab, beinhaltet aber doch eine utopische Hoffnung darauf. Daher entfaltet sich dieser konstruktive ethische Anspruch unter Bedingungen kultureller und religiöser ethischer Differenzen, die heute Faktizitäten darstellen und die man als Triebfeder von Hans Küngs *Projekt Weltethos* betrachten kann.

2. Die Schwierigkeit, Natur zu verstehen

Etwas Ähnliches meint auch Nietzsches berühmtes Wort: „Gott ist tot! Gott bleibt tot! Und wir haben ihn getötet!"[1] Das ist nicht etwa eine Aussage über die Existenz Gottes. Vielmehr zielt es darauf ab, dass die Realität, in der die Menschen leben, sehr stark von den Möglichkeiten abhängt, Wissen über die Welt zu gewinnen, so dass sich immer verschiedene Blickwinkel auf die Welt eröffnen mit den entsprechend unterschiedlichen Konsequenzen für das Handeln. Die Menschen leben nicht in einer gemeinsamen Welt, sondern in vielen verschiedenen Welten – die pluralistische Bedingung der Moderne. Daher erweist es sich auch keinesfalls als klar, welche Konsequenzen ethische Werte und Normen nach sich ziehen. Andererseits insistieren die verschiedenen ethischen Systeme zumeist darauf, dass man ihre Normen ohne Rücksicht auf die Folgen beachten soll.

Dergleichen stellt die Voraussetzung für jede ökologische, besonders für jede global ökologische Forderung dar. Das erscheint überraschend. Wissen Wissenschaft und Technologie etwa nicht, was um sie herum passiert, was unter dem Begriff ökologische Krise zusammengefasst wird? Ist es etwa nicht klar, was man gegen die Klimaveränderung tun muss? Doch natürlich ist das klar! Aber nicht ob der Gründe, die die Wissenschaften angeben, warum sich das Klima ändert und welchen Einfluss der Mensch darauf hat. Sicherlich sind eine Reihe dieser Gründe interessant und sie werden den Blick auf die Natur weiten. Und sollten die Technologien, Ökonomien, Politiken und Gesellschaften sich daran orientieren, wäre das ein großer Fortschritt für das Verhältnis von Natur und Kultur. Aber man darf sicher sein, dass das meiste davon Irrtümer sind. Spätere Zeiten werden unsere Ignoranzen, Fehler und Einsei-

---

[1] Nietzsche, Die fröhliche Wissenschaft (1881-82), KSA Bd. 3, Nr. 125, 481

tigkeiten feststellen und sich darüber lustig machen. Die einzige, wiewohl entscheidende Lehre, die man daraus ziehen kann, zeigt, dass nichts auf diesem Planeten und wahrscheinlich auch nicht außerhalb desselben verloren geht: der Kerngedanke des sogenannten global ökologischen Wissens. Alles, was man in die Natur hinauslässt – gleichgültig ob man es in den Boden, die Luft oder das Wasser gibt, ja sogar in den vermeintlich ehemals leeren Welten-Raum drum herum – wird zurückkommen. Nichts verschwindet. Nichts kann man völlig zerstören. Kein Problem lässt sich wirklich nachhaltig konstruktiv lösen. Auch der radioaktive Abfall in welchem Endlager auch immer gehört zur Menschenwelt bzw. zu dem sogenannten Universum besser nach William James zu den Pluriversen, zu den Naturen.

Aber davon, was wirklich geschieht, beispielsweise wie sich das Klima entwickeln wird, davon kennt man höchstens ein wenig. Wie bemerkt doch Vaclav Smil 2022 über Klimaprognosen: „reale Entwicklungen zu antizipieren, die sich aus dem unberechenbaren Zusammenwirken träger Langzeitentwicklungen und unberechenbarer Diskontinuitäten ergeben, ist und bleibt Glückssache. Keine noch so ausgefeilten Modellierungen werden die Ungewissheit beseitigen, und wir werden weiterhin mit vielen unserer Langfrist-Prognosen daneben liegen."[1] Diese Formulierung vermeidet einen radikalen Skeptizismus bzw. eine strukturelle hermeneutische Ontologie. Streng sprach- und wissenschaftskritisch lässt sie sich nicht hintergehen.

Freilich arbeitet ein pragmatisches, wissenschaftliches und technologisches Wissen äußerst erfolgreich zumindest in ihren jeweiligen besonderen historischen Situationen. Daher ergibt es nicht viel Sinn, es trotzdem als schlichten Irrtum abzutun, wiewohl einige Zeit später Leute bemerken würden, dass ein früheres Wissen für ein späteres keine hinlängliche rationale

---

[1] Vaclav Smil, Wie die Welt wirklich funktioniert – Die fossilen Grundlagen unserer Zivilisation und die Zukunft der Menschheit, München 2023, 295

Basis hat. Die Evolution scheiterte nicht, weil bis vor gar nicht langer Zeit, die Leute ihre Welt unter der Devise gestalteten, dass sich die Sonne um die Erde dreht, was man ja auch sehen kann. Aber es lässt sich auch nicht einfach durch ein neues Modell, ein neues Wissenschafts-Paradigma widerlegen. So schreibt Thomas S. Kuhn: „Paradigmawechsel veranlassen die Wissenschaftler tatsächlich, die Welt ihres Forschungsbereichs anders zu sehen."[1]

Nietzsche deklarierte zuvor bereits den Irrtum zur Grundlage der Wissenschaft, letztlich als Motor der wissenschaftlichen Entwicklung. Selbstverständlich gehören die Begriffe der Wahrheit und des Irrtums zusammen, erscheint die Wahrheit als die Grundlage des Irrtums, gibt es keinen Irrtum ohne Wahrheit. Umgekehrt lässt sich die Perspektive wechseln, entspringt die Wahrheit dem Bewusstsein der Ungewissheit über das, was vor sich geht, also einem Leben unter Bedingungen eines Mangels an Wissen bzw. anscheinend falscher Interpretationen. Trotz des pragmatisch betrachtet erfolgreichen Wissens – nicht erst seit der Aufklärung – bleibt die Gewissheit des Wissens schwach, erweist sich finales starkes Wissen als utopisch und absolutes Wissen als rational grundsätzlich verstellt. Denn selbst konstruiertes Wissen kann sich als Irrtum herausstellen. Auch mit Empirie kann man sich nicht über das problematische Verhältnis von Sprache und Nichtsprachlichem hinwegmogeln. Abel schreibt: „Der Versuch, um der ‚letzten Wahrheit' willen die Relativität, das Scheinbare sowie die Endlichkeit und Perspektivität des Menschen hintergehen oder negieren zu wollen, führt weniger vor ein reines und volles Sein der Dinge, als vielmehr in leeres Nichts."[2]

Wissenschaftler haben gemeinhin Probleme mit einer solchen Interpretation. Sie suchen nach wahren Sätzen, die die Wirksamkeit verglichen mit dem Wissen zuvor verbessern.

---

[1] Thomas S. Kuhn, Die Struktur wissenschaftlicher Revolutionen, Frankfurt/M. 1973, 123
[2] Abel, Sprache, Zeichen, Interpretation, 1999, 264

Würden Wissenschaftler über den ontologischen Status ihrer Wissenschaften nachdenken, würden sie etwas anderes tun als das, wofür sie bezahlt werden. Doch als jemand, der Philosophie studiert, und nicht als jemand, der Wissenschaften treibt, muss man allein schon den historischen Status jedes wissenschaftlichen Wissens reflektieren, wodurch man lernt, dass sich das Wissen zumeist verändert, dass es allemal von seinem besonderen Paradigma abhängt. Es gibt keinen Ausweg aus dieser Entdeckung – mit Nietzsche „es gibt durchaus kein Entrinnen, keine Schlupf- und Schleichwege in die *wirkliche* Welt! Wir sind in unserem Netze, wir Spinnen, und was wir auch darin fangen, wir können gar Nichts fangen, als was sich eben in *unserem* Netze fangen lässt."[1] Davon ist jedenfalls dann auszugehen, wenn man sich selbst nicht als blinder machen will, als man nun mal ist. Daher sind alle Behauptungen über die Klimaveränderung und den menschlichen Einfluss darauf nichts mehr als Interpretationen, die sich mit großer Wahrscheinlichkeit ändern werden. Und diese Einsicht beruht keinesfalls allein auf philosophischem Skeptizismus, sondern auf der Struktur und den Überlegungen der modernen Naturwissenschaften selbst. Die Künstliche Intelligenz vermag das auch nicht zu ändern.

Galileo Galilei glaubte noch in die Wahrheit seiner Begründung der modernen Naturwissenschaften. Trotzdem wollte er vernünftigerweise für seine Wahrheit nicht sterben. Doch etwa um dieselbe Zeit entdeckt René Descartes nicht nur den Subjektivismus allen Wissens. Vielmehr leitet er das denkende Ich dadurch ab, dass er an allem als einem möglicherweise bösen Wahn zweifelt. Die Einbindung in die Welt lässt sich nicht mit Gewissheit vom Wahnsinn unterscheiden. Bald bemerkte man, dass die Mathematik nicht einfach dieselbe Struktur bzw. Logik wie die Natur besitzt, so dass bereits Leibniz adäquate von objektiver Erkenntnis unterscheidet. Jedenfalls garantiert nichts, dass Natur und Wissen miteinander übereinstimmen,

---

[1] Nietzsche, Morgenröte (1880/81), KSA Bd. 3, Nr. 117 110

wenn nicht ein Gott dergleichen unterstützt und absichert. Daher spricht auch der frühe Wittgenstein nach seinen schrecklichen Erlebnissen in den Schützengräben des Weltkriegs, die ihm einen religiösen Schub versetzten, davon, dass es eine automatische Einheit zwischen der logischen Struktur der Sprache und der logischen Struktur der Welt gibt, „Was jedes Bild, welcher Form immer, mit der Wirklichkeit gemein haben muss, um sie überhaupt – richtig oder falsch – abbilden zu können, ist die logische Form, das ist, die Form der Wirklichkeit."[1] Doch diese Einheit lässt sich durch nichts beweisen und bleibt mystisch, wovon sich Wittgenstein Ende der zwanziger Jahre auch verabschieden wird.

Es dauert ein paar Jahrhunderte seit Descartes, bis Einstein entdeckt, dass astronomisches Wissen von den Instrumenten abhängt, mit denen es entwickelt wurde. Diese Abhängigkeit erfasst auch den theoretischen Begriff der Natur, der durch reale Instrumente bestimmt werden soll. Dass die Physik nichts über die Natur sagt, sondern ausschließlich über das Verhältnis zwischen Mensch und Natur, davon geht Werner Heisenberg aus: „Auch in der Naturwissenschaft ist also der Gegenstand der Forschung nicht mehr die Natur an sich, sondern die der menschlichen Fragestellung ausgesetzte Natur, und insofern begegnet der Mensch auch hier wieder sich selbst."[2] Das gilt auch für die moderne Medizin, die fleißig das Gegenteil behauptet, allemal während der Corona-Politik.

Die Chaos-Theorie erfasst ihre Gegenstände zwar sehr genau, doch lässt sich daraus kein prognostisches Wissen mehr gewinnen. Oder der Begriff des Gens sollte beispielsweise einen originären harten Kern angesichts von Darwins Evolutionstheorie festhalten, stellt er heute bestenfalls einen Kopiermechanismus dar, der nicht unbedingt notwendig sein muss,

---

[1] Wittgenstein, Tractatus logico-philosophicus (1921), Werkausgabe Bd. 1, Frankfurt/M. 1984, Nr. 2.18, 16

[2] Werner Heisenberg, Das Naturbild der heutigen Physik, Hamburg 1955, 18

den das Zusammenspiel anderer Kopiermechanismen womöglich zu ersetzen vermag. Fox Keller schreibt 2000: „Mittlerweile haben wir die Hoffnung aufgegeben, aus der Molekularstruktur diskreter Gene eine Theorie abzuleiten, die die generationenlange Stabilität der biologischen Organisation angemessen erklärt. Wir haben gelernt, dass genetische Stabilität selbst eine Folge der biologischen Organisation ist und, wiewohl diese Stabilität eine Voraussetzung für die natürliche Selektion sein mag, die Mechanismen, die sie garantieren, selbst eine evolutionäre Errungenschaft sind."[1]

Diese Liste, die sich unendlich verlängern ließe, sollte das ökologische Denken davor warnen, endlich einen wahren Begriff der Natur entwerfen zu können, oder einen wahren Begriff über das Verhältnis zwischen Kultur und Natur. Zahlreiche Vertreter des ökologischen Denkens seit den achtziger Jahren des letzten Jahrhunderts und in der Klima-Debatte der zwanziger Jahre um so mehr hoffen, zu einem neuen Standpunkt zu gelangen, dem sich jetzt endlich die wahre Wirklichkeit eröffnet, indem sie die vermeintlich objektive Einbindung des Menschen in die Natur erkennen. Doch wie Nietzsche bemerkt, gibt es keinen Weg aus dem Irren hinaus in die wahre Welt, von der Welt als Produkt von Interpretationen zu einer Welt, die man an sich erfasst. „Die wahre Welt haben wir abgeschafft: welche Welt blieb übrig? die scheinbare vielleicht? . . . Aber nein! *mit der wahren Welt haben wir auch die scheinbare abgeschafft!*" Daher ist „die ‚wahre Welt' endlich zur Fabel"[2] geworden, was gerade Wissenschaftler heute nicht mehr hören wollen, würde das doch die Autorität ihres Expertenwesens schwächen. Damit bleibt die Welt unter allen Umständen eine Interpretation, mögen die Menschen unter dem immer stärker blasenden Wind,

---

[1] Evelyn Fox Keller: Das Jahrhundert des Gens, Frankfurt/M., New York 2001, 61

[2] Nietzsche, Götzen-Dämmerung oder Wie man mit dem Hammer philosophiert (1888), KSA Bd. 6, 81

unter zunehmenden Regengüssen oder ansteigenden Temperaturen leiden.

Daher muss Ökologie jeden positiven Naturbegriff auflassen bzw. höchsten als subjektiv und relativ bzw. konstruiert begreifen. Ökologie darf sich nicht mehr für fähig halten, endlich einen Begriff aus Ganzheitlichkeit und dem Wissen moderner Naturwissenschaften als wahre Wirklichkeit, also wahre Natur oder auch nur als wahres Verhältnis zwischen Mensch und Natur zu entwerfen. Ökologie als eine fortgeschrittene Theorie über das Verhältnis von Kultur- und Naturwissenschaften gelangt höchstens zu einem negativen Begriff von Natur und Mensch. Daher habe ich in den achtziger Jahren den Begriff der negativen Ökologie konzipiert, der sich an der Technikphilosophie von Martin Heidegger und Theodor Adornos Konzeption der negativen Dialektik orientiert, wo zwischen Begriff und Gegenstand immer ein unidentifizierbarer Rest, das Nichtidentische verbleibt: „Diese Richtung der Begrifflichkeit zu ändern, sie dem Nichtidentischen zuzukehren, ist das Scharnier negativer Dialektik. Vor der Einsicht in den konstitutiven Charakter des Nichtbegrifflichen im Begriff zerginge der Identitätszwang, den der Begriff ohne solche aufhaltende Reflexion mit sich führt. Aus dem Schein des Ansichseins des Begriffs als einer Einheit des Sinns hinaus führt seine Selbstbesinnung auf den eigenen Sinn."[1] Damit endet die Hoffnung der Dialektik, dass man die Welt begrifflich voll zu durchschauen vermag, wie es sich Hegel vorstellt, noch dass man im Sinn von Marx durch eine solche Durchschaubarkeit die Welt friedlich und human gestalten kann. Ökologie und Wissenschaften, die sich dem Identitätszwang des Begriffs verschreiben, liefern sich dem Wiederholungszwang aus, der nach Freud die Grundlage des Todestriebs ist. Die negative Ökologie rekurriert dagegen auf die fortgeschrittensten Ideen in der Philosophie und den Wissenschaften, um die Naturphilosophie im Horizont der

---

[1] Theodor W. Adorno, Negative Dialektik (1966), Frankfurt/M. 1970, 21

Hermeneutik zu situieren, mit Nietzsche wohl wissend, dass diese These selbst eine Interpretation darstellt. Oder wie es Günter Abel formuliert: „Die Grenze der Interpretationsverhältnisse vermögen wir als endliche Geister nicht zu durchbrechen."[1]

Folglich muss man auf jede metaphysische Basis des wissenschaftlichen Wissens verzichten, bzw. alle Basis als problematisch begreifen, was zugleich nach sich zieht, dass man nicht wie Kant einen Vernunftglauben fordern darf. Angesichts der kulturellen Krise der modernen Gesellschaft, die Natur in globaler Perspektive zerstört, braucht man keinen rationalen Glauben oder eine Hoffnung, dass die Menschheit diese Krise überstehen wird – das wird man sehen – vielmehr muss man jedes Wissen auf seine verborgenen Lücken, auf seine unbewussten Annahmen, auf seine metaphysischen Implikationen hin überprüfen, um Wissen und Technologien zu verbessern, nicht um sie abzulehnen. Gleichzeitig geht es darum, das wissenschaftliche wie das technologische Wissen daran zu erinnern, just aus diesem Grund bedächtiger zu sein. Es soll mehr Respekt gegenüber der Natur entwickeln, um vorsichtiger mit den Gefahren und Risiken umzugehen, die die technologische Entwicklung produziert.

Natürlich werde ich mich mit den Einwänden konfrontiert sehen, dass gerade angesichts dieser Krise, die die Existenz der Menschheit insgesamt bedroht, eine Änderung des Verhaltens weltweit, eine Änderung des Lebensstils der Menschen, eine Änderung der Wirtschaftsweisen in globaler Dimension dringend geboten erscheint, und gerade nicht eine radikale Kritik des Denkens, die dazu führen soll, dass Gewissheiten darüber verloren gehen, was man tun soll, was man beispielsweise angesichts der Klimaveränderung tun könnte, nämlich den Ausstoß von Kohlenstoffverbindungen zu reduzieren.

Vielleicht klingt meine Antwort auf diesen Einwand idealistisch: Das Hauptproblem stellt nämlich nicht das Handeln dar,

---

[1] Abel, Sprache, Zeichen, Interpretation, 1999, 59

sondern das Denken. Sicherlich hat Marx mit seiner berühmten These recht, nach der das Sein das Bewusstsein bestimme. Aber man kann auch die Existenz durch das Bewusstsein beeinflussen. Sonst hätte die Vernunft, die Rationalität oder jegliche Religion keinerlei Auswirkungen. Die entscheidende Frage stellt sich vielmehr folgendermaßen: Hat man dieser Existenz grundsätzlich zugestimmt oder lehnt man sie ab? Hat man zu den Bedingungen der Existenz beigetragen oder musste man sich dieser Existenz unterwerfen? Kann man die Bedingungen seines Lebens beeinflussen oder nicht? Gerade letztere Frage lässt sich schwerlich völlig verneinen.

Zudem besteht die Schwierigkeit, dass keineswegs aus dem richtigen Denken das richtige Handeln folgen muss, wie Nietzsche bemerkt. Daher könnte jede beliebige Handlung Erfolg haben, die nur mit genügendem Schwung und Gewalt unabhängig vom Überlegen ausgeführt wird, ähnlich wie nach Max Weber der calvinistische Unternehmer angesichts grundsätzlicher Unsicherheit so fest an den Erfolg seines Handelns glauben muss wie an sein Seelenheil. Doch radikaler Zweifel mit der letzten Konsequenz totaler Unsicherheit erscheint in etwa genauso wahrscheinlich wie dessen Gegenteil, die totale Determination. Denken besitzt nur dann einen Sinn, wenn man zumindest annimmt, dass die Möglichkeit besteht, das Handeln zu beeinflussen, wiewohl man auf der Bedingung der Ungewissheit insistieren möchte. Doch die Ungewissheit über die Zusammenhänge zwischen Denken und Handeln führen weder zu einer Abstinenz vom Handeln noch vom Denken, sondern zu einem vorsichtigen Handeln, da man über dessen Wirkungen nun mal nie sicher sein kann. Das verlangt aber, mehr zu denken und nicht weniger. Dass trotzdem die Existenz das Bewusstsein prägen mag, bleibt davon unabhängig, vorausgesetzt, es besteht die umgekehrte Einflussmöglichkeit.

Zudem kann Philosophie nur etwas zum Denken, nicht aber direkt zum Handeln beitragen. Schwerlich kann man Sartre zustimmen, wenn er in seinem Theaterstück *Die schmutzigen Hände* den Eindruck erzeugt, dass Schießen dem Handeln näher steht als Schreiben bzw. dass Schießen als wirksamer denn als zu schreiben erscheint. Wie sagt doch Hugo: „Ich bin es satt, maschinenzuschreiben, während die Kameraden sich umbringen lassen."[1] Denken wirkt zweifellos langsamer und was dabei herauskommen mag, lässt sich schwerlich vorhersehen. Im philosophischen Sinn jedenfalls braucht das Handeln das Denken als dessen Voraussetzung, indem letzteres sich nach den Zielen umschaut, die Instrumente abwägt, die Umstände und die Gelegenheiten beurteilt.

Schon Niccolò Machiavelli war klar, dass man Handeln nicht hinlänglich vorhersehen kann und dass es sich nicht berechnen lässt: „Es glaube keine Regierung, sie könne nur ganz sichere Beschlüsse fassen, du musst vielmehr immer damit rechnen, dass du unsichere Dinge vor dir hast; denn es liegt einmal so in dem Lauf der Welt, dass man einer Unbequemlichkeit zu entgehen sucht und wiederum in eine andere fällt; aber die Klugheit besteht darin, die Größe der Unbequemlichkeiten zu erkennen und das kleinere Übel zu wählen."[2] Gerade deshalb erscheint mehr Nachdenken darüber geboten und nicht weniger. Daher ist die Bedingung jeden Handelns das Denken, aber nicht im Sinne der Eile, des schnellen flüchtigen Denkens, um schneller zum Handeln zu kommen. Vielmehr muss das Denken nicht nur das Handeln, sondern auch noch sich selbst reflektieren. Es muss sich selbst kritisieren, also sich selbst Grenzen ziehen und vor allem den eigenen Irrtümern nachgehen. Daher hat das Denken eine Neigung zur Negativität und nicht nur zur Kritik. Daher wird die Philosophie insgesamt negativ, bzw. geht es um die Entfaltung einer negativen Philosophie.

---

[1] Sartre, Die schmutzigen Hände (1948), Gesammelte Dramen, Hamburg 1969, 182
[2] Niccolò Machiavelli, Der Fürst (1513 / 1532), Wiesbaden 1980, 87

3. Die Ethik des Denkens

Folglich um zu überlegen, was angesichts der kulturellen Destruktion von Natur zu tun ist, präsentiert sich das Denken primär als dringend erforderlich. Was zu tun ist, verdankt sich offenbar der Weise, wie man denkt. Daher erweist sich Ökologie als primär negativ, d.h. ihr Grundsatz lautet, dass die Interpretation der Natur, genauer die Interpretation der Beziehung zwischen Kultur und Natur den entscheidenden Hintergrund für die ökologische Krise darstellt, während die Interpretation der Interpretation bzw. die negative Ökologie immer weitere Interpretationen für nötig hält. Solche neuen Interpretationen wachsen in den letzten Jahrzehnten an, verbreitet sich das Umweltbewusstsein längst global. Die Programme aller relevanten deutschen Parteien enthalten Passagen zu den Umweltproblemen. Primär allerdings antworten sie primär mit technischen Lösungen auf die ökologischen Herausforderungen. Das wäre gar kein Problem, wenn ihr Standpunkt dabei das Denken wäre. Aber das ist nicht der Fall, herrscht überall eine schiere Handlungsmanie und eine übergroße Denkfaulheit.

In diesem Sinn soll das negativ ökologische Denken ein entsprechendes Handeln stimulieren, d.h. es soll angesichts der Umweltprobleme einen vorsichtigeren Umgang anmahnen, mehr Achtung vor der Natur, da klar ist, dass alles Wissen um Natur historisch ist und sich ändern kann bzw. sich eben bestimmten Paradigmen verdankt. Daher stellt negative Ökologie den Versuch dar, Prinzipien des Denkens und daran anschließend des Handelns zu entwickeln, die sich auf Reflexion, Kritik und Fragen stützt. Negative Ökologie erweist sich daher primär als eine *Ethik des Denkens*, die ihrerseits den Sinn der Ethik entbirgt. Jede Ethik insistiert notwendig auf einer Art Primat des Denkens gegenüber dem Handeln; denn Ethik hofft zumeist, dass Normen auf der Basis der Freiwilligkeit anerkannt und befolgt werden. Das aber verlangt einen Prozess des Denkens. Ethik bedeutet gerade keine Disziplin und keinen

Gehorsam gegenüber allgemeinen Codes, wie es das Christentum einführte. Stattdessen verlangt Ethik von jedem darüber nachzudenken, was richtig und was falsch ist, welche Maxime jeder wählen sollte, welche Ziele zu realisieren sind.

Negative Ökologie insistiert als eine Ethik des Denkens auf einem Primat der Ethik gegenüber kognitivem Wissen, aber als ein Ergebnis solchen Wissens. Die *Ethik des Denkens* fordert indes keine Ethik als erste Philosophie. Der Primat der Ethik hat seinerseits seine Grundlage in der theoretischen Philosophie, die ihre eigenen Grenzen anerkennen muss, also die eigene Schwäche als einen Prozess, der gerade seinen Höhepunkt in der Geschichte der Philosophie in der Konzeption des *Pensiero debole* von Gianni Vattimo und Umberto Eco findet. Vattimo schreibt in seinen programmatischen Aufsatz: „Das schwache Denken, (. . .) steht mit der Dialektik und der Differenz in einer Beziehung, die nicht grundsätzlich oder ausschließlich eine ‚Überwindung' darstellt, sondern die sic h vor allem durch den heideggerschen Begriff der *Verwindung* bestimmt. Dieser Begriff wird nur verständlich innerhalb einer ‚schwachen' Perspektive dessen, was Denken bedeutet."[1] Probleme lassen sich nicht lösen, überwinden. Vielmehr muss man lernen, mit ihnen zu leben, sie zu verwinden.

Ähnlich wie eine globale Ethik möchte negative Ökologie zur weltweiten Kooperation beitragen, um dadurch die destruktiven Auswirkungen der Kultur auf die Natur zu vermindern, damit die Chancen eines Weiterlebens der Menschheit steigen. Dabei sollte man freilich nicht vom Bestandspostulat ausgehen, das Hans Jonas fordert: „Dass es in alle Zukunft eine solche Welt geben soll - eine Welt geeignet für menschliche Bewohnung - und dass sie in alle Zukunft bewohnt sein soll von einer

---

[1] Vattimo, Dialektik, Differenz, schwaches Denken (1983); in: Schönherr-Mann (Hrsg.), Ethik des Denkens, München 2000, 79; Original: Dialettica, differenza, pensiero debole; in: Vattimo, Pier Aldo Rovatti (Hrsg.), Il pensiero debole (1983), 3. Aufl. Milano 1985

dieses Namens würdigen Menschheit, (. . .)." [1] Die Existenz darf kein Primat gegenüber dem Denken, der Ethik, der Freiheit und der Individualität haben. Nicht der Bestand der Menschheit als solcher ist entscheidend, sondern die Möglichkeit individueller Entfaltung der lebenden Menschen, nicht der zukünftigen, denen man die Lebenden auch nicht unterordnen sollte, wie es bei Staaten und Religionen gang und gäbe ist.

Aber während die globale Ethik in den unterschiedlichen Religionen nach gemeinsamen ethischen Prinzipien sucht, versucht die negative Ökologie die Bereitschaft der Wissenschaften, Technologien, Ökonomien und auch im alltäglichen Leben zu stärken, gegenüber deren jeweiligen Wissen skeptischer zu sein, um die Achtung gegenüber den natürlichen Lebensbedingungen der Kultur und der Existenz der einzelnen Menschen zu stärken. Negative Ökologie konzentriert sich auf derartige Probleme, die in alle ethischen Fragestellungen hineinreichen.

Globale Ethik engagiert sich für globale, interkulturelle und internationale Kooperation im Allgemeinen. Globale Ethik und negative Ökologie begegnen sich dort, wo Umweltprobleme nicht nur global, sondern individuell werden. Wenn Ökologie negativ ist, dann tangiert sie die globale Ethik, wo sich auch negative Ökologie um die Bedingungen der Kooperation in ethischer Perspektive kümmert. Denn das Ergebnis und die Zielrichtung negativer Ökologie erscheinen selbst in einer ethischen Dimension, die sich auf theoretische Überlegung stützt. Just das, der skeptische Zweifel, der zur Vorsicht mahnt, verbindet negative Ökologie unter Bedingungen der Globalisierung mit individuellen ethischen Forderungen angesichts der diversen kulturellen Konflikte.

Dementsprechend gibt aber auch einen Unterschied zwischen globaler Ethik und negativer Ökologie. Die globale Ethik möchte ethische Prinzipien stärken, die sie besonderen Sammlungen ethischer Normen entnimmt. Negative Ökologie möchte

---

[1] Hans Jonas, Das Prinzip Verantwortung – Versuch einer Ethik für die technologische Zivilisation (1979), Frankfurt/M 1984, 33

die Gewissheit bestimmten Wissens schwächen, um dadurch die individuellen Spielräume zu erweitern. Daher kann negative Ökologie ethische Prinzipien nicht von einer Religion oder aus einer philosophischen Tradition ableiten. Denn das würde in eine Art naturalistischer Fehlschlüsse führen. Daher folgt negative Ökologie eher einer konstruktiv ethischen als einer traditionellen Perspektive. Sie beruht auf Skeptizismus und der Suche nach den Grenzen der Vernunft. Das Problem sowohl technischen als auch ethischen Handelns führt zur Frage nach ethischen Werten, nach normativen Maximen, nach zu wählenden Tugenden, die sich als notwendig erweisen, um Menschlichkeit individuell und in ethischer Weise zu konstruieren.

Aber wenn man den Horizont globaler Ethik noch erweitert und sich nicht auf religiöse Dimensionen beschränkt, sondern philosophische Konzepte mit einbezieht, dann schrumpft die Differenz zwischen traditionellen und konstruktiven ethischen Perspektiven. In der Philosophie des 20. Jahrhundert spielt der Begriff der Verantwortung eine neue und entscheidende Rolle. Wenn die ethischen Prinzipien nicht hinreichen oder es ihnen an Akzeptanz fehlt, um das Handeln anzuleiten, muss man nach den Folgen des Handelns fragen. In einem Fall fundamentaler Konflikte zwischen verschiedenen ethischen Prinzipien, gibt es kaum eine andere Möglichkeit für einen Kompromiss als den Pragmatismus. Die Verantwortungsethik, die von Max Weber, Jean-Paul Sartre und Simone de Beauvoir begründet wurde und zu Hans Jonas und Emmanuel Lévinas führt, spielt auch in Hans Küngs *Projekt Weltethos* eine herausragende Rolle. Sie inspiriert maßgeblich negative Ökologie um das wissenschaftliche und technologische Wissen zu reflektiere und zu kritisieren, um überhaupt die Verantwortung für die Folgen des Handelns übernehmen zu können. Zwar gibt es einen argumentativen Zirkel: Um die Verantwortung für die Folgen des Handelns übernehmen zu können, sind überhaupt Prinzipien notwendig, die sagen, welche Konsequenzen akzeptabel sind. Aber der Blick auf diese Prinzipien führt häufig zu konfligierenden Grundsätzen. Daher wird der Blick auf die

Handlung notwendig. Zweifellos kommt man aus diesem Zirkel nicht heraus. Das Denken nimmt nun mal seine Kategorien aus der Tradition. Doch es muss auf reale konkrete Probleme reagieren. Negative Ökologie verlangt daher nach verstärkter Reflexion zwischen den Prinzipien und den Wirkungen der Handlungen. Es achtet dabei vor allem auf Tugenden und Haltungen, die zwischen Prinzipien und den Handlungsfolgen reflexiv vermitteln. In diesem Sinne fordert negative Ökologie nach einer *Ethik des Denkens*, die auf das Handeln mäßigend einwirken soll. Doch letztlich wird dieser Konflikt bestehen bleiben.

Das Prinzip der Wahrhaftigkeit ist einer der zentralen Grundsätze von Hans Küngs Weltethos-Konzeption. Durch ihre Orientierung an der Reichweite von wissenschaftlichem und technologischem Wissen steht für eine negative Ökologie die Frage nach der Bedeutung der Wahrheit im Zentrum ihres Interesses, so dass die Wahrhaftigkeit auch für eine negative Ökologie zu einer wichtigen Orientierung und zugleich zu einem Problem avanciert. Wahrhaftigkeit im Sinn der negativen Ökologie heißt, die Bedingungen der Möglichkeiten von Wahrheit und Wahrhaftigkeit ausloten, auch ihre Genealogie, kann es nicht nur zu viel der Wahrheit geben, kann die Wahrheit durchaus ambivalente Perspektiven entwickeln. Der Zweifel ist absolut notwendig, gerade an wissenschaftlich verkündeten Wahrheiten und das um so mehr, wenn es sich dabei um Prognosen handelt. Darauf insistiert auch Smil: „Und warum werden diese aus Wunschdenken geborenen Verheißungen so oft als zuverlässige Voraussagen verstanden und von so vielen Menschen bereitwillig geglaubt, die nie auf die Idee kommen, die zugrunde liegenden Prämissen zu hinterfragen? (. . .) *De omnibus dubitandum* (‚bezweifle alles') muss mehr sein als nur ein Descartes-Zitat mit langer Haltbarkeitsdauer; es muss die Grundlage schlechthin wissenschaftlichen Arbeitens sein und bleiben."[1] Man erinnere sich an die Corona-Experten!

---

[1] Smil, Wie die Welt wirklich funktioniert (2022), 273

Wahrhaftigkeit gehört denn auch zu den wichtigen ethischen Prinzipien in Hannah Arendts politischer Philosophie, die sich um Kommunikation als Medium der Politik dreht. Gerade um globale politische Probleme zu lösen, ist Kommunikation unabdingbar, lässt sich global nichts einfach dekretieren oder gar diktieren. Negative Ökologie kann sich nicht anmaßen, anderen Menschen Vorschriften machen zu dürfen, wie es im elitären philosophischen Denken durchaus üblich ist, ob bei Platon, Leo Strauss, Hans Jonas oder Charles Taylor. Daher stellt die Wahrhaftigkeit vor allem in kommunikativer Perspektive eine Vermittlung zwischen globaler Ethik und negativer Ökologie dar, steht damit nicht im Dienst von Bevormundung. Das überführt die negative Ökologie in eine negative Philosophie.

Denn primär schafft negative Ökologie die Bedingungen für einen Konsens dadurch, dass sie ein reflexives Selbstbewusstsein gegenüber den eigenen ethischen Doktrinen und theoretischen Voraussetzungen fördert. Dadurch will sie individuelle und subjektive Überzeugungen schwächen. Gegenüber religiösem Glauben öffnet sich hier eine Differenz genauso wie gegenüber der Konzeption des übergreifenden Konsenses von John Rawls, der damit wirbt, dass man seine weltanschaulichen Überzeugungen durch diesen Konsens bewahrt, just indem man sie nicht mehr in Debatten über die politische Grundstruktur einbringt. Daran sollte man Habermas erinnern. Doch zumindest verbindet alle drei Konzeptionen, also diejenige des Weltethos, des übergreifenden Konsenses – die sich besonders nahe stehen, wiewohl es natürlich auch hier Unterschiede gibt – und der negativen Ökologie die grundsätzliche Suche nach Konsens im Zeitalter der Globalisierung.

VI. KAPITEL

WELTETHOS UND INVOLUTION

Fridays for Future bringt es auf den lebendigen Begriff: die jungen Leute haben Angst um ihre Zukunft, die ihnen in der Tat von allen Experten mehr als düster ausgemalt wird. Nach Antonio Guterres auf der Weltklimakonferenz in Madrid im Dezember 2019 droht gar der Weltuntergang. Und damit steht er keinesfalls allein.

Auch wenn Postmarxisten von sinnloser Kinderei sprechen würden, so haben *Fridays for Future* doch einiges an Aufmerksamkeit erlangt und damit viele auf das von ihnen favorisierte Thema gelenkt, wiewohl diese internationale Schülerinnenbewegung die institutionalisierte Politik so wenig wie Großkonzerne zu konkreten Schritten im Sinn eine weiter reichenden Umweltpolitik bisher zu motivieren vermochte. Joe Kaeser ließ sich doch nicht belehren. Aber wäre das zu erwarten gewesen? Schwerlich! Über die Schwerfälligkeit von Politik und Ökonomie haben sich Greta Thunberg wie Luisa Neubauer beklagt und solcherlei Klagen gehören auch zum politischen Alltagsgeschäft von Protestbewegungen. Dass sich das unmittelbar in konkretes politisches oder ökonomisches Handeln umsetzt, ist aus vielen Gründen nicht zu erwarten.

So funktioniert Politik einfach nicht, weder auf der außerinstitutionellen Ebene der Bürgerinnen, wenn diese versuchen an der Politik zu partizipieren, noch auf der institutionellen Ebene staatlicher und politischer Organisationen, wenn sich diese darum bemühen, die Politik zu gestalten. Für Jacques Rancière ist letzteres gerade keine Politik, sondern nur staatliche Herrschaft. Vielmehr konstituieren erst die Anteillosen Politik, indem sie Anteil an Staat und Gesellschaft beanspruchen: „Die Politik existiert, wenn die natürliche Ordnung der Herrschaft unterbrochen ist durch die Einrichtung eines Anteils der Anteillosen"[1], also wenn Anteillose, die Bürgerinnen, organisiert ihren Anteil einfordern, nicht wenn sie sich einfach auf der Straße festkleben.

1. *Fridays for Future* als Bemühung um Teilhabe

Dabei ist aber *Fridays for Future* zumindest vor 2020 etwas gelungen, was die Bewegung wahrscheinlich kaum beabsichtigte, nämlich das öffentliche Interesse ein Stück weit von den rechten Populisten abzuziehen, die Umweltpolitik weitgehend ablehnen, vor allem die Klimapolitik. Dabei ist es wissenschaftlich weitgehend unstrittig, dass seit Beginn der Industrialisierung die $CO2$-Emissionen massiv ansteigen und dass seither das Weltklima wärmer wurde. Das kann man gemäß dem heutigen Wissensstand und einer skeptischen Reflexion durch die Philosophie daher als einen im wissenschaftlichen Rahmen erwiesenen Zusammenhang betrachten, was aber kein absolutes Wissen darstellt, kann wissenschaftliches Wissen kein absolutes sein, sondern immer nur ein relatives.

Wie im Trump-Lager oder in der AfD dagegen zu bestreiten, dass beides voneinander unabhängig sei, entspricht nicht dem Stand des Erfahrungswissens. Zwar sind wissenschaftlich Zweifel nicht nur jederzeit erlaubt, sondern auch notwendig. Sie müssen allerdings empirisch detailliert belegt und logisch konsequent begründet werden. Aber das sieht man bei den Nationalisten naturgemäß anders: Wissenschaft muss deren Vorstellung von einem erfundenen Volk dienen und natürlich erfasst eine völkisch ausgerichtete Wissenschaft die Welt endlich, wie sie wirklich, wirklich ist.

---

[1] Jacques Rancière, Das Unvernehmen – Politik und Philosophie (1995), Frankfurt/M. 2002, 24

Eine sprachphilosophische oder postmoderne Skepsis gegenüber dem Status des Wissens spielt dabei eine ganz andere, nämlich durchaus pragmatisch relevante Rolle. Wie ich es in meinem Konzept einer negativen Ökologie seit Ende der achtziger Jahre entwickelt habe, mahnt dergleichen zur Vorsicht gegenüber einer unreflektierten weiteren Entwicklung und Anwendung von Technologien, die die Umwelt wie die Menschen immer weiter belasten, unterstützt das damit selbstredend die Forderungen nach einer Reduktion der Treibhausgas-Emissionen – allerdings auf der Grundlage einer gehörigen Portion Skepsis und ohne die heute verbreitete Aufgeregtheit sowie ohne den apokalyptischen Ton nicht bloß in den Medien, sondern vor allem bei der *letzten Generation* – die letzten großen Metaphysiker. Oder gar Nietzsches letzte Menschen?

Denn das wissenschaftliche Wissen gewinnt seine Bedeutung nicht dadurch, dass man es für unumstößlich erklärt, sondern dadurch, dass man sich seiner Relativität bewusst bleibt. Just vor diesem Hintergrund entstehen Zweifel, ob es wissenschaftlich sinnvoll ist, apokalyptisch zu argumentieren, wie es heute gerade hinsichtlich des Klimas fleißig vorkommt. Denn moderne Natur- und Sozialwissenschaften arbeiten empirisch und können umfassende Prognosen höchstens ansatzweise skizzieren, während eine apokalyptische Redeweise eine zumeist weit in die Zukunft reichende Drohgebärde aufbaut, die sich zudem einer christlichen Pädagogik der Menschenführung verdankt, die mit dem vollständigen Ende der Welt schrecken soll, um die Zeitgenossinnen zur Umkehr ihres Lebens, d.h. zur Abkehr von der Welt zu bewegen.

In asiatischen Weltbildern fehlen apokalyptische Vorstellungen. Im Judentum handelt es sich um einen Gerichtstag, der die Guten weitermachen lässt. Im Islam spielt die Apokalypse nur eine von Christentum und Judentum übernommene Nebenrolle. Mit der Aufklärung ist die Apokalypse keineswegs verschwunden, sondern in die Wissenschaften eingegangen. Machiavelli und Hobbes transformieren das christliche Prinzip des Schreckens zu einer Technik der Herrschaft, wenn der Staat seine

Bürger das Fürchten lehrt, um diese zum Frieden zu zwingen und um sie zu lenken. Grausamkeit, die ja im Christentum auch nicht zu den Todsünden zählte, avanciert zum legitimen Mittel der Politik. Das Wort Terror war bis zur Französischen Revolution positiv besetzt. Das Wort hat also keine unabdingbar negative Dimension. Auch die Inquisition arbeitete damit. Man muss sich das klar machen, wenn man heute von Terroristen spricht und man darf sich nicht wundern, dass sehr vielen politischen Bewegungen Terror als ein legitimes Mittel erscheint. Staaten – auch demokratische – bedienen sich solcher Drohgebärden bis heute gerne.

In diesen heute weit verbreiteten apokalyptischen Ton klinkt sich auch *Fridays vor Future* ein, was man der Schülerinnenbewegung allerdings verzeihen sollte, weil sie sich damit nur an den gängigen Stil des politischen Diskurses anpasst. Dabei demonstriert *Fridays for Future*, dass sich ein beachtlicher Teil der jungen Leute jedenfalls umweltethisch orientiert und umweltpolitisch aktiv wird, gerade nicht nationalistisch, was nicht nur den Graben zu den umweltunfreundlichen Nationalisten erfrischend vertieft. Vielmehr fordert *Fridays for Future* die Staaten auf, die Klimapolitik zu intensivieren, womit diese ein größeres Gewicht im politischen Betrieb erhält, was wiederum dem Nationalismus schadet und letztlich auf welchen Wegen auch immer der Klimapolitik nutzen wird. Zumindest ist das zu hoffen, wiewohl man auch mit gegenteiligen Reaktionen rechnen darf, noch dazu wenn Klima-Kleber die Menschen bei ihren teuer bezahlten Urlaubsreisen treffen. Das könnte den Rechten nutzen und die Klima-Politik desavouieren.

Mit solchen politischen Forderungen rekurriert *Fridays for Future* natürlich auf umweltethische Orientierungen, die nicht unbedingt, aber im Fall der Klimapolitik einen global normativen Charakter haben, wie sich diese Bewegung selbst auch global aufstellt. Interessanterweise sind Ökologie wie die ökologische Ethik zugleich durchaus populär, während Sozialpolitik an Überzeugungskraft langsam einbüßt. Nationalisten betreiben keine Sozialpolitik, sondern versuchen Einzelinteressen ökonomisch zu bedienen, wie es Trump vorführte.

Strukturell muss Ökologie aber gar keine globalen Ansprüche erheben, auch die ökologische Ethik nicht. Diese kann sich auch nur um die Probleme und Ereignisse vor Ort kümmern, was politisch durchaus ehrenwert und sinnvoller als globale Ansprüche erscheint. Nicht zuletzt durch die intensive Medialisierung der Kommunikation – also durch die modernen Massenmedien bis hin zu den social media – und vor dem Hintergrund einer planetarischen Technologie und Ökonomie entfalten auch lokale ökologische Aktivitäten leicht globale Perspektiven. Wenn die Ökologie heute populär ist, dann verdankt sie das sicher gerade diesen Partizipationsmöglichkeiten für die einzelne Bürgerin, die überall in der Lage ist, konkret etwas für die Umwelt und das Klima zu tun. Man sollte auch nicht unterschätzen, was seit den siebziger Jahren in dieser Hinsicht von den Bürgerinnen auf den Weg gebracht und erreicht wurde. Bürgerinnen haben zuerst angefangen, sich um die Umwelt zu bemühen. Die Politik ist auf diesen Zug um 1980 fleißig aufgesprungen. Politik wird letztlich bottom-up inspiriert, handelt es sich dabei um lebendige Politik, während top-down gar keine Politik entsteht, sondern nur Verwaltung: die Ordnung der Körper und Plätze.

Deshalb würde ich den Umweltbewegungen seit deren Anfängen auch keinen revolutionären Charakter attestieren, wiewohl nicht wenige von einer kulturellen Wende träumen, die indes weder absehbar noch wünschenswert erscheint, müsste sie sich im positiven Fall auf das Engagement der Bürgerinnen stützen, was nun mal Zeit braucht. Ansonsten werden top-down höchstens problematische Entwicklungen angestoßen mit zweifelhaftem Ausgang. Was kann man erwarten, wenn Peter Sloterdijk sinniert: „Offen bleibt wohl allein die Frage ob die Wende zur Bescheidenheit infolge eines freiwilligen Einlenkens der Populationen in den emissionsintensiven Kulturen erfolgt oder ob die Regierungen der reichen Nationen (. . .) sich früher oder später gezwungen sehen werden, jeweils auf ihren

Territorien eine Art von ökologischem Kriegsrecht zu proklamieren, (. . .).“[1] Keinesfalls kann Krieg indes Recht schaffen, hebt nun mal der Ausnahmezustand die Menschenrechte auf. Dann herrscht kein Recht mehr aller apokalyptischen Berufungen zum Trotz, sondern allein Gewalt, für die Sloterdijk offenbar plädiert. Eine rechte Regierung kann ihn dann als Innenminister engagieren.

Wie man zudem von der Geschichte des 20. Jahrhunderts lernen kann, haben Diktaturen nicht nur verheerende Folgen nach sich gezogen, sondern sind auch durch die Bank gescheitert. Top-down, noch dazu diktatorisch, aber auch demokratisch rettet man nichts, keine Menschen, keine Umwelt, kein Klima. Ergo, die Umweltpolitik braucht das Engagement der Bürgerinnen, wird ihm der Ausnahmezustand oder das Kriegsrecht gar nichts nützen, die Moral gerade nicht heben, sondern zerstören. ‚Mehr Diktatur wagen‘ noch dazu unter Berufung auf Hans Jonas ist ein fataler Spruch. Aber er liegt weder Nietzsche noch Jonas fern, die glauben, dass Eliten besser wissen, was für die Menschen gut ist als diese selber.

Ich würde daher die Umweltbewegungen im Allgemeinen und *Fridays for Future* im Besonderen einer Bemühung zuordnen, wenn Bürgerinnen versuchen Einfluss auf die Politik dort zu nehmen, wo sie keinen haben, wo er aber begründet erscheint. Dabei dürfen sie vor allem keinesfalls diskriminierend operieren, wie es Nationalisten wie Revolutionäre betreiben, heute sehr viele Demokraten – und auch manche radikalen Klimaaktivisten. Wer auf Entrechtung anderer aus ist, muss mit den Mitteln des Rechts wie des Widerstands der Bürgerinnen gestoppt werden – Vorbild Iran, wiewohl das bisher dort nicht die erhofften Erfolge erzielte.

Ansonsten darf niemand diskriminiert werden, auch nicht die Autofahrer. Wenn es um Anteilhabe ohne Diskriminierung geht, würde ich das nicht als Revolution, sondern als Involuti-

---

[1] Peter Sloterdijk, Was geschah im 20. Jahrhundert? Unterwegs zu einer Kritik der extremistischen Vernunft, Berlin 2016, 34

on verstehen – allerdings keinesfalls im Sinn von Johannes Agnoli, der damit den „Prozess der Rückbildung demokratischer Staaten, Parteien, Theorien in vor- oder antidemokratische Formen"[1] bezeichnet. Vielmehr bemühen sich Bürgerinnen im Fall von Involution an einer Angelegenheit teilzuhaben, ohne sich dabei revolutionär der Gewalt zu bedienen. Es handelt sich bei der Involution um bottom-up-Prozesse, die von den Bürgerinnen selbst ausgehen, die nicht immer schon institutionell politisch organisiert sind.[2] Sie beschränken sich auch zumeist auf einen sozialen Teilbereich, auch wenn Radikale diesen regelmäßig zum Dreh- und Angelpunkt der Welt erheben: auch sie erklären die Welt monokausal, was höchstens reduktionistisch wirkt, einer komplexen Realität aber keinesfalls gerecht wird.

Zumeist geht es dagegen bei Prozessen der Involution nicht um eine fundamentale, gar gewaltsame Umwälzung der ganzen Gesellschaft, sondern eher um die konkrete pragmatische Lösung bestimmter Probleme. Apokalyptiker sehen das gemeinhin anders, muss sich nach deren Vorstellungen alles und fundamental und schnell ändern. Derart hat noch Hans-Jonas 1979 in seinem Buch *Das Prinzip Verantwortung* argumentiert: Die Demokratie wäre zu langsam. Der Diktator liegt nur leider immer falsch.

Wenn man indes von Weltordnung spricht, gar in apokalyptischer Manier, dann verdankt sich das gemeinhin einer Perspektive von oben und unterstellt auch, dass sich die Welten der Menschen durch top-down-Prozesse nachhaltig gestalten und lenken lassen. Auf diese Weise interpretiert man denn die Aktivitäten von Staaten oder inter- und supranationalen Institutionen, die zumeist von den Staaten getragen werden. Die Staaten

---

[1] Johannes Agnoli, Die Transformation der Demokratie (1967) und andere verwandte Schriften, 2. Aufl. Hamburg 2004, 16 Fußnote 5

[2] Vgl. Schönherr-Mann, Involution oder Revolution – Vorlesungen über Medien, ‚Bildung und Politik' an der Universität Innsbruck 2013-17, Norderstedt 2017, 17

sollen eine gerechte Weltordnung schaffen, so die verbreitete Forderung. Alternativen dazu sind die NGOs. Aber was können schon die Bürgerinnen dazu beitragen? Oder gar Schülerinnen? Wer weiß, allemal mehr als es gerade Postmarxisten erwarten, die ihr Heil nur in einer institutionellen Politik zu erblicken vermögen: Die Bürgerinnen sollen sich lieber in den organisierten Klassenkampf einreihen: Die Revolution erfolgt dann als Gerichtstag gemäß der jüdischen Vorstellungen von Apokalypse – Marx' religiöser Migrationshintergrund.

Eine gerechte Weltordnung – so die Forderungen diverser zivilgesellschaftlicher Aktivitäten – soll sich nicht nur auf Krieg, Gewalt und Macht stützen, sondern auch die Armen integrieren und fördern. In diesem Sinn erhebt man gegenüber den Staaten ethische Ansprüche, die sich auf ethische globale Normen stützen und so schlecht ist man dabei auch nicht vorangekommen. Im 19. Jahrhundert bis in die Mitte des 20 war der Krieg ein probates und weitgehend anerkanntes Mittel, um den Fortschritt zu befördern. Das ist er beispielsweise heute nicht mehr, auch wenn er stattfindet.

Diese globalen Normen verkörpern allgemeine Ideen von Frieden und Gerechtigkeit, zu denen man nicht nur die beteiligten Staaten und Politiker verpflichten möchte. Sie geben diesen damit aber auch ein Mittel der Lenkung ihrer Bürgerinnen in die Hand – was sicherlich nur teilweise beabsichtigt wird. Aber der Mainstream von Wissenschaftlern, Journalisten und Politikern setzt doch eher darauf, dass der Staat lenkt und nicht die Bürgerinnen machen, was sie für richtig halten.

Historisch betrachtet, schlagen die monotheistisch basierten Ethiken wie die universellen der Aufklärung primär top-down-Prozesse vor. Mittels von entweder erleuchteten oder aufgeklärten Eliten ausgedachten ethischen Normen lenken diese ihre Bürgerinnen, die von diesen Eliten gerne als verantwortungslos disqualifiziert werden, man denke an Arnold Gehlen, der den Menschen für entlastungsbedürftig hält. Sloterdijk schließt daran an: „Die Kompensation geschieht mit Hilfe von Systemen der symbolischen Führung, die Instinkte durch Autoritäten ersetzen – ein Motiv, das um die Mitte des 20. Jahrhunderts in den Schriften Arnold Gehlens entfaltet wurde. Die symbolischen Ordnungssysteme entlasten jedes einzelne Menschenjunge von der von ihm allein unmöglich zu lösenden Aufgabe, die Erfahrungen und Erfindungen seiner Vorfahren allein aus sich selber noch einmal zu erzeugen."[1] Leo Strauss, an Platon und der antiken Klassik orientiert, schreibt über diese: „Alle Menschen, d.h. alle normalen Menschen haben die Fähigkeit zur Tugend; einige aber bedürfen der Führung durch andere, während andere ihrer überhaupt nicht oder in viel geringerem Maße bedürfen."[2] Dabei ist der universelle Anspruch regelmäßig nur Schein. Im Gegenteil ging es früher primär und geht es heute häufig immer noch darum, die eigenen Bürgerinnen zu disziplinieren, um sie unter anderem nationalstaatlich auch gegen andere Staaten in Stellung zu bringen, im Zweifelsfall um sie in den Krieg schicken zu können. Sloterdijk möchte im Dienste der Klimarettung gar den Armen das Recht, sich frei zu bewegen, wieder nehmen und es wieder allein den Herrschenden zuordnen: Das Ende der klimaschädlichen Urlaubsfliegerei, der Traum der letzten Menschen.

Gerade eine multipolare Welt beherbergt wie das Nationalstaatensystem des 19. Jahrhunderts wieder viele verschiedene Mächte, die eine Dynamik eigener Interessenspolitik entfalten und die sich nicht so leicht auf eine Linie bringen lassen wie beispielsweise in jener bipolaren Welt des Ost-West-Konfliktes – was aber gemeinhin nicht den Bürgerinnen, sondern den Staaten diente.

Von einer unipolaren Welt, wie sie sich eine kurze Dekade lang ansatzweise andeutete, ist die heutige multipolare Welt sehr weit entfernt. Unipolarität ließe ja noch am ehesten universelle ethische Orientierungen durchsetzen, jedenfalls von Seiten der gleichgeschalteten Staaten. Bereits Kant propagiert

---

[1] Sloterdijk, Was geschah im 20. Jahrhundert? Berlin 2016, 49
[2] Leo Strauss, Naturrecht und Geschichte (1953), Frankfurt/M. 1977, 138

im zweiten „Definitivartikel zum ewigen Frieden. Das Völkerrecht soll auf einen Föderalism freier Staaten gegründet sein."[1], Dagegen läuft die Logik seines universellen Denkens auf einen Weltstaat hinaus, den Kant aber für unrealistisch hält. Was indes intern dabei droht, umschreibt man heute nicht mehr mit dem Big Brother Georges Orwells, sondern schlicht mit der Volksrepublik China. Freilich scheint bei einigen der demokratischen Staaten ein Manichäismus ausgebrochen, wie man ihn primär von totalitären Regimen kennt.

In einer multipolaren Welt geht es angesichts einer international unübersichtlichen Lage bei globalen Normen für eine neue Weltordnung darum, den Staaten nahzubringen, dass sie sich zu einer friedlichen Kooperation im Dienste gemeinsamer Interessen animiert sehen, eine Kooperation, die grundsätzlich auf der Anerkennung anderer Interessen beruht, was natürlich nicht nur für die Umweltpolitik gilt. Dann stellt sich die Aufgabe, die Staaten – man kann die Gruppe der Akteure auch erweitern: Unternehmen, Glaubens- und andere Gemeinschaften aller Art, die eine international spürbare Größe entwickeln – zur Annahme globaler Normen zu bewegen, also Normen, die möglichst alle Staaten und Akteure anerkennen und befolgen. Aber nicht nur dass dergleichen schwierig ist und Kompromisse darüber den Kritikern regelmäßig nicht reichen. Auch die angeblich universellen Orientierungen selbst bleiben regelmäßig umstritten. Das ufert noch weiter aus, wenn man in die konkreten Details geht. Denn jede Norm hat immer ein Problem mit den Regeln für ihre Anwendung.

Ludwig Wittgenstein hat auf den unendlichen Regelregress hingewiesen, der entsteht, wenn man eine Norm anwenden will, zu der man eine andere Norm braucht, die selber wieder einer Norm bedarf, etc. So schreibt Wittgenstein: „Glaub nicht immer, dass du deine Worte von Tatsachen abliest; diese nach Regeln in Worte abbildest! Denn die Anwendung der Regel im

---

[1] Kant, Zum ewigen Frieden (1795), AA Bd. 8, Berlin 1968, 354

besonderen Fall müsstest du ja doch ohne Führung machen."[1]
Regeln alleine helfen somit schwerlich.

2. Bottom-up-Prozesse in einer multipolaren Welt

Gehören *Fridays for Future* oder die *Letzte Generation* auch zu dieser Gruppe von relevanten Akteuren? Kaum, höchstens mal von Fall zu Fall und punktuell, mehr nicht. Erst wenn sich daraus eine institutionalisierte Organisation mit internationaler Relevanz entwickelt, würden solche Organisationen dazu gehören.

Aber dann wären sie nicht mehr das, für das sie einstehen, nämlich für junge aktive Bürgerinnen, die nicht mehr auf die Politik oder andere Organisationen warten, die entweder diese zu schnellerem oder weitreichenderem Handeln drängen, oder die überhaupt selber aktiv werden, die Dinge selber in die Hand nehmen, weil sie sich auch nicht mehr einfach lenken lassen wollen und die insofern Teil eines Involutionsprozesses sind. Charles Taylor bemerkt 2007: „in der Zeit nach dem Zweiten Weltkrieg beginnt diese Ethik der Authentizität die allgemeine Einstellung der Gesellschaft zu prägen."[2] Dem widerspricht Yuval Noah Harari 2017: „Soweit wir heute wissen, haben Determinismus und Zufälligkeit den gesamten Kuchen unter sich aufgeteilt und der ‚Freiheit' nicht einen Krümel übrig gelassen."[3] Dann kann man alle bevormunden, ihn selbst freilich auch und der Algorithmus erledigt das, wenn er denn dazu jemals in der Lage sein sollte, drückt Harari nur Zukunftsängste aus, operiert die KI bis heute ziemlich primitiv. Zudem könnte Harari es dabei mit protestierenden Leuten wie jenen von der *Letzten Generation* zu tun bekommen und längst nicht nur mit diesen.

---

[1] Wittgenstein, Philosophische Untersuchungen (1953), 292, 373
[2] Taylor, Ein säkulares Zeitalter (2007), 792
[3] Yuval Noah Harari, Homo Deus – Eine Geschichte von Morgen, München 2017, 381

Denn solche Organisationen gehören heute zweifellos zu den Aufmerksamkeit erregenden und engagierten Teilen der Zivilgesellschaft, die sich nicht in vorgegebene Strukturen einordnen und beinahe militärisch geordnet aufmarschieren – man denke an den Rotfrontkämpferbund in der Weimarer Republik. Dergleichen betreiben wieder die neuen Nationalisten. Zivilgesellschaftlich, außerinstitutionell demonstriert man zwar gemeinsam, aber mit allerlei eigenen Ideen im Gepäck und in der Hand und allemal freiwillig und nicht auf Kommando einer Organisation wie bei den selbsternannten Untertanen eines untergegangenen Reiches, die sich zwangsverpflichten - manche Leute können ohne solche Zwänge nicht leben. Demonstrieren, protestieren – auch wenn man das gemeinhin nicht alleine tut, sondern mit anderen zusammen – ist dagegen etwas Individualistisches geworden, an dem man nach eigener Einschätzung teilnimmt – natürlich häufig eingebunden in eine Peergroup: der Sinn von Involution – mag man das aus gewissen Ecken der Technologie-Wissenschaften auch anders interpretieren. Wie lässt sich mit Heidegger dazu bemerken: „Die Wissenschaft denkt nicht."[1]

Gerade beim Umweltschutz mit seinen globalen Ansprüchen sind Partizipation und Involution ja selbst im Kleinen möglich: Jede kann etwas gegen die Klimaerwärmung tun – nebenbei ist das ein Grund für den Erfolg der Umweltbewegungen in den letzten Jahrzehnten. Aber das gilt genauso für Flüchtlingshelfer oder den Widerstand von Bürgerinnen gegen nationalistische Umtriebe. Zugleich stellt sich hier ein Zusammenhang zwischen dem Handeln der einzelnen Bürgerin und der Globalität in einer multipolaren Welt her. Moderne Wissenschaften untermauern das, wenn sie bestätigen, dass Handlungseffekte immer viele unüberschaubare Auswirkungen nach sich ziehen und dass es natürlich nichts gibt, das folgenlos bliebe. So bemerkt Vaclav Smil: „Der Entwicklungsweg, den eine Gesellschaft nimmt, wird von vielen Faktoren beeinflusst: der Unbe-

---

[1] Heidegger, Was heißt Denken? (1951-52), 4. Aufl. Tübingen 1984, 4

rechenbarkeit menschlichen Verhaltens, von plötzlichen Diskontinuitäten lange stabil gewesener historischer Flugbahnen, vom Aufstieg und Niedergang von Nationen, von unserer Fähigkeit, gezielt sinnvolle Veränderungen herbeizuführen."[1] Harari, Sloterdijk und Gehlen werden dem so wenig zustimmen wie der Transhumanist Günter Cisek, für den die Big Player der Künstlichen Intelligenz eine oligarchische Herrschaft entfalten. Dass diese „im Wege einer ‚Algokratie' (. . .) die Welt zunehmend beherrschen werden, scheint unausweichlich."[2] Man sollte nicht zu simpel hochrechnen. Wie konstatiert Hegel doch: „die Eule der Minerva beginnt erst mit der einbrechenden Dämmerung ihren Flug."[3]

Fridays for Future nehme ich an dieser Stelle als Resultat und als Beispiel für die Emanzipationsprozesse seit der zweiten Hälfte des letzten Jahrhunderts, angefangen mit der Bürgerrechtsbewegung in den USA, der Frauen- und der Umweltbewegung seit den Siebzigern, der Friedensbewegung um 1980, den Bürgerbewegungen in Osteuropa, den Schwulen- und Lesben-Bewegungen und zuletzt Attac und Occupy, die die soziale Frage wieder starkzumachen versuchten, die in den zuvor erwähnten sozialen Bewegungen eher in den Hintergrund getreten schienen – ein sehr eurozentrisches Bild, das dringend erweiterungsbedürftig ist, mit dem ich aber den Begriff der Involution zu umschreiben versuche. *Fridays for Future* schließe ich an diese Reihe an. Fraglich ist, ob man die *Letzte Generation* hinzufügen kann, erhebt diese doch einen beinahe totalitären Anspruch, der sie kommunistischen und islamistischen Bewegungen annähert, denen es allen um radikale Durchsetzung der eigenen umfassenden Vision geht.

---

[1] Smil, Wie die Welt wirklich funktioniert (2022), 273

[2] Günter Cisek, Machtwechsel der Intelligenzen – Wie sich unser Miteinander durch künstliche Intelligenz verändert, Wiesbaden 2021, 138

[3] G.W.F. Hegel, Grundlinien der Philosophie des Rechts (1820), Theorie Werkausgabe Bd. 7, Frankfurt/M. 1970, 27

Dazu kommen noch zahlreiche weitere Aktivitäten gerade in der Menschenrechts- und Flüchtlingsfrage, wie umgekehrt die Genannten in sich auch keinesfalls homogen waren und sind. *Fridays for Future* gehört einerseits zu den Umweltbewegungen, aber auch zu den diversen Jugendbewegungen seit den fünfziger Jahren – was beides emanzipatorischen Charakter hat, der von vielen linken wie rechten Akteuren als liberal kritisiert wird und der womöglich von vielen Beteiligten in dieser liberalen Perspektive auch gar nicht beabsichtigt ist. Aber mit dem Begriff der Involution möchte ich nicht die Intentionen der Akteure, sondern die Wirkungen beschreiben.

Jedenfalls lassen sich solche Emanzipationsbestrebungen nicht mehr in das Raster einer top-down-Ethik einfügen. Sie stellen vielmehr gerade die institutionelle Politik der multipolaren Welt und ihre Orientierungen ethisch in Frage. Damit unterwandert auch *Fridays for Future* eine Ethik, die sich als global ausgibt, um damit doch primär Gefolgschaft herzustellen, obwohl sie eine solche selbst vertreten und zwar im Rückgriff auf die christliche Apokalypse. Die o.a. Emanzipationsbewegungen insgesamt, die sich um Teilhabe an der Politik bemühen und die auf Diskriminierung verzichten, die Involution und nicht Revolution betreiben, erschüttern die traditionelle ethische Ordnung – man denke nur an die Katholische Kirche, in der es solche Bewegungen auch gibt und immer gegeben hat, z.B. die Franziskaner, insbesondere die Minoriten oder die Theologie der Revolution – entlarven deren Universalitäts- und Absolutheitsbekundungen als Machtpolitik.

Ist *Fridays for Future* damit das Ende der universellen Ethik? Nein, es ist deren Anfang, wiewohl auch nicht unbedingt der allererste, den man wohl besser mit dem Namen Martin Luther King verbindet: „I have a dream that one day on the red hills of Georgia, the sons of former slaves and the sons of former slave owners will be able to sit down together at the table of brotherhood." Freilich bleibt diese familiäre Terminologie in der Politik autoritär.

Denn Globalität in der Ethik realisiert sich erst dadurch, dass Bürgerinnen mündig und selbsttätig Normen entwickeln und sich an ihnen freiwillig orientieren, wie es Nietzsche gefordert hat. Diese Orientierungen können auch andere weltweit übernehmen, um das eigene Leben nach eigenen Vorstellungen zu gestalten. So entsteht global eine gewisse Nähe zwischen aktiven Bürgerinnen, die neue ethische Standards verbreiten, wie es der Soziologe Ulrich Beck beschreibt.

Es handelt sich dabei nämlich um bottom-up-Prozesse, auf denen globalisierende ethische Normen aufruhen, somit auf Involution. Sie befreien die Ethik von ihren traditionellen autoritären Neigungen der Unterwerfung von Menschen unter bestimmte politische oder religiöse Codes. Sie realisieren eine globale Ethik überhaupt erst nachhaltig, nämlich indem überall auf der Welt Bürgerinnen selbsttätig Normen entwerfen, die sich aneinander annähern, um derart netzwerkartig eine Gemeinsamkeit zwischen den weltweit verstreuten Zeitgenossinnen herzustellen – manchmal auch nicht, bleiben es doch immer Prozesse der Kontingenz.

In diesem Sinn habe ich 2010 in meinem Buch *Globale Normen und individuelles Handeln – die Idee des Weltethos aus emanzipatorischer Perspektive* das Projekt Weltethos interpretiert, das zu einer universellen Ethik für mich vor allem die empirisch interpretierte Diagnose beigetragen hat, dass in vielen Ethiken ähnliche Grundwerte vorhanden sind, aus denen Hans Küng gemeinsame globale ethische Orientierungen und Werte entwickelt, was zu einer ‚planetarischen Verantwortung' führt.[1] Das Problem bleibt, dass sich dabei aber primär top-down-Prozesse abbilden. Erst wenn das von den Bürgerinnen selbst ausgeht, die natürlich die ethischen Werte nicht frei erfinden, realisiert sich ein Weltethos aus diesen vielen verschiedenen individuellen Aktivitäten heraus. Weltethos braucht Involution, die es konkret vor Ort wirklich werden lässt.

---

[1] Küng, Projekt Weltethos (1990), 51

Denn Globalität entwickelt sich erst dort, wo sich die Bürgerinnen von sich aus in politische, soziale und ethische Prozesse aktiv einklinken, um diesen gewisse Impulse zu geben. Globalität muss sich ethisch von unten her entwickeln, also von den einzelnen Bürgerinnen ausgehen, indem dadurch Gemeinsamkeiten mit anderen Bürgerinnen auf allen Kontinenten entstehen: *Fridays for Future.* Eine autoritäre Ethik kann dagegen äußerst radikal, rigoros und revolutionär in Gewalt abdriften und damit letztlich diskriminierend wirken. Eine Ethik, die sich Involutionsprozessen verdankt, muss eine Pluralität von Werten übernehmen, die Verabsolutierungen entgegensteht.

Wenn z.B. jemand in der Zeit des Nationalsozialismus eine globale Ethik verkörpert, dann ist es daher Oskar Schindler, wie ihn Steven Spielberg inszenierte, nicht Arthur Harris, auch wenn dieser wesentlich zur militärischen Sieg der Alliierten beigetragen hat. So beruht nach Emmanuel Lévinas die Ethik auf der Verantwortung, in die sich Menschen durch andere gerufen sehen: „Das Andere aber, das absolut anders ist – der Andere – begrenzt nicht die Freiheit des Selben. Indem der Andere die Freiheit zur Verantwortung ruft, setzt er sie ein und rechtfertigt sie. Das Verhältnis zum Anderen als Antlitz (. . .) ist Begehren, empfangene Unterweisung und friedlicher Gegensatz der Rede."[1] Das lässt sich nicht top-down dekretieren, müssten sich die Zeitgenossinnen dann nämlich einem ethischen Code unterwerfen, was mündige Bürgerinnen heute häufiger als früher verweigern, wiewohl gerade ein Rollback stattfindet. Schindler gehorchte keinem Code, sondern tat, was er für sich allein für geboten hielt, als ihn seine jüdischen Arbeiter in die Verantwortung riefen und derart seine Freiheit einsetzten. Insofern hat Lévinas wesentlich zu einer Wende der Ethik weg von der Ebene allgemeiner Vernunft, hin zu ihrem Ursprung in den zwischenmenschlichen Beziehungen beigetragen.

---

[1] Lévinas, Totalität und Unendlichkeit (1961), 282

3. Die Ethik der Schwäche

Gehört *Fridays for Future* damit zur multipolaren Welt? Allerdings! Denn diese ist seit besagten Emanzipationsprozessen anders zu denken als rein institutionell. Zu den Polen zählen auch diverse Emanzipationsbewegungen und Aktivitäten der Zivilgesellschaft, mag man diese auch nicht institutionell empirisch genau bestimmen können, mögen diese flüchtig sein, vorübergehend und schwach, mal aufblitzen, um dann wieder zu vergehen. Aber sie können durchaus nachhaltige Wirkungen gerade in ethischer, politischer und sozialer Hinsicht erzielen, mögen diese häufig auch gar nicht beabsichtigt sein.

Das möchte ich mit dem Begriff der Involution beschreiben, wenn Bürgerinnen und Politikerinnen Politik machen, bestimmte Ziele verfolgen, aber letztlich sich gar nicht intendierte Wirkungen dieser Politik ergeben. So haben die Achtundsechziger zwar nicht den von ihnen angestrebten Sozialismus erreicht, aber die westlichen Gesellschaften liberalisiert und demokratisch partizipatorischer werden lassen, was sie gar nicht wollten. Was *Fridays for Future* letztlich bewirkt, muss sich erst noch zeigen. Aber es werden häufig Effekte sein, die ebenfalls nicht beabsichtigt waren. Trotzdem erscheint es bis heute als nicht wenig, obgleich die Protagonistinnen das anders sehen mögen. Wie außerinstitutionellen Bewegungen geht es aber auch der institutionalisierten Politik, die zwar weiterhin fleißig Handlungskompetenz und –Macht propagiert. Aber was Politik und von dieser auf den Weg gebrachte Gesetze am Ende bewirken, ist genauso schwer prognostizierbar. Wie häufig sind Gesetze mit zu heißer Nadel genäht und müssen nachgebessert werden oder bewirken anderes als das damit Intendierte.

Allemal stammen diese Veränderungen gerade in ethischer Hinsicht aus der Schwäche, wenn sie einen zivilgesellschaftlichen oder sozialen Migrationshintergrund haben. Aber wie schon Nietzsche genealogisch bemerkte: Mit Judentum, der Philosophie und dem Christentum schöpfen nicht mehr die

Starken ethische Werte, sondern die Schwachen – was Nietzsche selber kritisierte: „Der Sklavenaufstand in der Moral beginnt damit, dass das *Ressentiment* selbst schöpferisch wird und Werte gebiert: das Ressentiment solcher Wesen, denen die eigentliche Reaktion, die der Tat versagt ist, die sich nur durch eine imaginäre Rache schadlos halten."[1] Was Ressentiment ist, beruht auf einem normativen Urteil. Jedenfalls haben sich die schwachen Werte gegen die der Starken durchgesetzt. In der Tat, der Sklavenaufstand in der Moral: *Fridays for Future* gegen BMW; *Fridays for Future* gegen Siemens.

Albert Camus hat ethische Orientierungen gesetzt, nicht Carl Schmitt; der Deserteur Wolfgang Abendroth, der sich den griechischen Partisanen anschloss, nicht Bernard Montgomery, auch wenn letzterer zur Befreiung der Deutschen von den Nazis wesentlich beitrug. Es sind nicht Nietzsches starke Übermenschen, die neue Werte erfinden, es sind die Bürgerinnen aus sich selbst heraus. Trotzdem hatte Nietzsche die richtige Idee und vielleicht könnte er sich mit den Bürgerinnen auch anfreunden, wiewohl er ja nicht gerade ein glückliches Verhältnis zu Frauen hatte. Oder weisen gar die Schülerinnen von *Fridays for Future* einen ähnlichen Weg wie *Zarathustra*: „Dort, wo der Staat aufhört, da beginnt erst der Mensch, der nicht überflüssig ist: da beginnt das Lied des Notwendigen, die einmalige und unersetzliche Weise. Dort wo der Staat *aufhört*, – so seht mir doch hin, meine Brüder! Seht ihr ihn nicht, den Regenbogen und die Brücken des Übermenschen?"[2]

So franzt die multipolare Welt aus, die zunehmend von bottom-up-Prozessen wie jenen der Involution geprägt wird, so dass man von einer Weltordnung heute wohl ganz anders reden muss, als dass sich in dieser nur die großen politischen, ökonomischen und sozialen Akteure tummeln. Jedenfalls kann man das hinsichtlich der Entwicklung globaler Normen sagen.

---

[1] Nietzsche, Zur Genealogie der Moral (1887), KSA Bd. 5, Nr. I 10, 270

[2] Nietzsche, Also sprach Zarathustra (1882-84), KSA Bd. 4, 63

Es werden die Bürgerinnen sein, die Schwachen, die dabei den Ton angeben, nicht die Starken. Ob das dem Frieden in der Welt wirklich dienen wird, das lässt sich bestimmt noch lange nicht absehen. Ja, solche Prozesse provozieren auch Gegenreaktionen: den Rechtsradikalismus, den Islamismus und einen frustrierten Postmarxismus, der aber der harmloseste dabei bleibt. Doch die großen Mächte haben es dabei top-down seit ein paar Tausend Jahren nun mal nicht allzu weit gebracht. Um so mehr sind die aktiven Bürgerinnen gefragt, z.B. jene von *Fridays for Future*.

VII. KAPITEL

WELTETHOS UND HUMANISMUS

1989 verkündete Francis Fukuyma das Ende der Geschichte: Die Mauer war gefallen. Weltweit nahm die Demokratisierung Fahrt auf, nicht nur in Osteuropa, auch in Lateinamerika, Afrika und Asien. Das Zeitalter der politischen Konfrontationen sollte zu Ende gehen, indem sich die Demokratie weltweit durchsetzen würde. Freilich hatte Fukuyma dabei die Gründung der Islamischen Republik Iran übersehen, genauso wie die Radikalisierungstendenzen in der islamischen Welt, die auf den Hinduismus überschwappen werden, wie sich auch in der christlichen Welt fundamentalistische Strömungen angesichts der Liberalisierung der westlichen Gesellschaften breitmachen – man denke an die *Christian Coalition* in den USA.

1993 antwortete darauf Samuel Huntington mit seinem Aufsatz *The Clash of Civilizations*, in dem er betonte, dass sich längst massive kulturell bedingte Konflikte weltweit bemerkbar machen. Spätestens die Anschläge vom 11. September 2001 schienen Huntington Recht zu geben. An die Stelle des kalten Krieges traten neue globale Konfrontationen, bei denen religiöse Gegensätze eine große Rolle spielen.

1. Universalismus und Relativismus in der Ethik

1999 beendet Hans Küng seine in New York gehaltene Rede über *Menschen-Rechte und Menschen-Verantwortlichkeiten* mit den daher so treffenden wie programmatischen Worten: „Kein Friede unter den Religionen ohne Dialog und Zusammenarbeit unter den Religionen und Kulturen!"[1] Dabei hatte er die Zeichen der Zeit längst begriffen, verabschiedete wesentlich auf seine Initiative hin das Parlament der Weltreligionen bereits 1993 die *Erklärung zum Weltethos*.

Säkular orientierte Zeitgenossen hat das wahrscheinlich überrascht, ging man in diesen Kreisen in der zweiten Hälfte des 20. Jahrhunderts eher davon aus, dass die Religionen im Prozess der Säkularisierung verblassen werden. Dass sich dagegen die Religionen neu beleben, dass konnte ein Theologe sicher früher spüren als ein Philosoph. Dass damit auf der weltpolitischen Bühne ein neues Konfliktpotential entsteht bzw. auch ein altes wiederkehrt, auch das ist Küng offenbar schneller klar gewesen als der sozialwissenschaftlichen Konkurrenz.

Auf diese spätestens seit Ende der siebziger Jahre, vor allem durch die iranische Revolution sich andeutende Entwicklung reagiert Küng bereits 1990 mit seinem *Projekt Weltethos*. Was damals säkularen Ohren überraschend und merkwürdig anmutete, das klingt heute fast selbstverständlich; denn Küng schreibt: „Diese eine Welt braucht (. . .) einige verbindende und verbindliche Normen, Werte, Ideale und Ziele."[2]

Doch ganz so selbstverständlich sind verbindliche und einheitliche ethische Normen nicht. Religionen mögen sich dabei leichter tun als die Philosophie, in der es seit ihren Anfängen einen Streit über solche Verbindlichkeit, Einheitlichkeit und Allgemeinheit gibt. Heute konzentriert sich diese Auseinandersetzung auf den Gegensatz zwischen ethischem Universalismus

---

[1] In: -Küng (Hrsg.), Dokumentation zum Weltethos, 149
[2] Küng, Projekt Weltethos (1990), 14

und ethischem Relativismus, ein Konflikt, der sich weder entscheiden noch auflösen lässt.

Da macht es sich einer der Hauptvertreter der analytischen Philosophie in Deutschland Ernst Tugendhat schlicht zu einfach, wenn er dekretieren möchte: „Dieser in der zeitgenössischen französischen Philosophie so populäre und in der heutigen jungen Generation so beliebte totale Relativismus ist natürlich Unsinn.“[1] Doch der ethische Relativismus ist schlicht kein Unsinn, sondern hängt sogar noch jedem ethischen Universalismus nach, weil sich philosophisch ethische Normen nun mal nicht rational definitiv begründen lassen. Religionen bemühen sich darum nicht mal, sondern beenden den Begründungsregress zumeist mit einem theologischen Verweis.

Dann bleiben Normen immer umstritten und fraglich. Das hat Tugendhat sogar selber zugestanden: „Die Moral der universellen und gleichen Achtung, die Moral des Nichtinstrumentalisierens hängt in gewisser Weise in der Tat in der Luft: es lässt sich nicht mehr zeigen, dass sie das plausible (bestbegründete) inhaltliche Konzept des Guten ist, (. . .).“[2]

Das Gute, das was für die Menschen gut sein soll, das ethische Gute, lässt sich schwerlich verallgemeinern. Dazu herrschen zu viele unterschiedliche Vorstellungen vom Guten in der Weltgesellschaft, wenn man denn von einer solchen reden will. Davon geht auch John Rawls aus, der zumindest die Grundprinzipien der Gerechtigkeit rational begründen will, diese aber dazu von den Vorstellungen des Guten abkoppelt. Denn er insistiert darauf, „dass der Liberalismus (. . .) annimmt, dass es in einem modernen demokratischen Verfassungsstaat unter modernen Bedingungen zwangsläufig einander widersprechende und miteinander unvereinbare Konzeptio-

---

[1] Ernst Tugendhat, Der Golfkrieg, Deutschland und Israel (1991); in: ders., Ethik und Politik – Vorträge und Stellungnahmen aus den Jahren 1978-1991, Frankfurt/M. 1992, 111
[2] Tugendhat, Vorlesungen über Ethik, Frankfurt/M. 1993, 29

nen des Guten gibt. Dies ist ein Merkmal moderner Kulturen seit der Reformation."[1]

Das sieht Küng freilich nicht so dramatisch. Vor allem hat die *Weltethos-Erklärung* eine Übereinkunft zwischen den Weltreligionen hergestellt, wenn es in ihr heißt, dass es zwischen den Religionen bereits „einen minimalen *Grundkonsens* bezüglich verbindender *Werte*, unverrückbarer *Maßstäbe* und moralischer *Grundhaltungen*"[2] gibt. D.h. es existieren gemeinsame ethische Vorstellungen, die auf Übereinstimmung hinsichtlich des Guten abzielen. Denn anders als Rawls geht es Küng mit dem Weltethos nicht um die Gerechtigkeit jenseits des Guten und damit nicht um gemeinsame Grundprinzipien der Gerechtigkeit, sondern um ethische Orientierungen, damit gerade um gemeinsame Vorstellungen von Guten.

Eine ähnliche Konzeption vertritt auch der aus dem Judentum heraus denkende Leo Strauss. Er schreibt 1952: „Es ist für Aristoteles wie für Moses offensichtlich, dass Mord, Diebstahl, Ehebruch etc. unbedingt schlecht sind. Griechische Philosophie und die Bibel stimmen insoweit überein, dass der richtige Rahmen der Moral die patriarchalische Familie ist, die monogam ist oder dazu tendiert und die die Zelle der Gesellschaft formt, in der die freien erwachsenen Männer, und besonders die alten, vorherrschen. Was immer die Bibel und die Philosophie uns über die Vornehmheit gewisser Frauen erzählen mag, im Prinzip beruht beides auf der Dominanz des männlichen Geschlechts."[3] Jerusalem und Athen operieren zwar auf unterschiedlichen Wegen. Ob im Judentum, in der griechischen Philosophie oder im Christentum werden dieselben ethischen Werte vertreten, was man freilich für die antike Philosophie bezweifeln darf, wo die sexuelle Praxis keineswegs monogam

---

[1] Rawls, Gerechtigkeit als Fairness: politisch und nicht metaphysisch (1985), 284

[2] Küng (Hrsg.), Dokumentation zum Weltethos, 20

[3] Leo Strauss, Progress or Return? (1952), in: ders., Jewish Philosophy and the Crisis of Modernity, Albany 1997, 105

war, genauso wenig wie sich diese auf das andere Geschlecht beschränkte. Vielmehr orientierte sie sich in einem starken Maße am eigenen Geschlecht. So schreibt Foucault: „Was in den Augen der Griechen die ethische Negativität schlechthin darstellt, ist nicht, dass man beide Geschlechter liebt; auch nicht, dass man sein eigenes Geschlecht dem andern vorzieht; sondern dass man gegenüber den Lüsten passiv bleibt."[1] Strauss urteilt voreilig der christlichen Interpretation der Antike entsprechend.

Dass die Weltreligionen ähnliche Vorstellungen vom Guten haben, stützt sich nach Küng auf zwei gänzlich andere Argumente als jene philosophischen von Strauss, wiewohl hier eine deutliche Parallele zwischen beiden besteht. Küng hat nachgewiesen, dass in den verschiedenen Weltreligionen solche ähnlichen ethischen Vorstellungen propagiert werden. So bemerkt er, „dass man in ganz verschiedenen Traditionen doch manche gemeinsame ethische ‚Worte' oder ‚Weisungen' für menschliches Verhalten findet."[2] Besonders deutlich lässt sich das für die goldene Regel vorführen, „die man in allen großen religiösen und ethischen Traditionen antrifft."[3] Kronzeugen sind unter anderen Konfuzius, Rabbi Hillel, Jesus von Nazareth. Aus diesen Autoritäten zieht Küng den Schluss: Die goldene Regel „ sollte die unverrückbare, unbedingte Norm für alle Lebensbereiche sein, für Familie und Gemeinschaften, für Rassen, Nationen und Religionen."[4] Die Frage bleibt, welches Gewicht ein solches Argument hat. Religiös sicher ein gewaltiges, säkular höchstens ein schwaches. Aber auch in diesen Kreisen wird häufig ähnlich argumentiert.

Aus diesen Parallelen und Gemeinsamkeiten zwischen den Religionen zieht Küng die Konsequenz, dass es einen Kernbe-

---

[1] Foucault, Der Gebrauch der Lüste – Sexualität und Wahrheit 2 (1984), Frankfurt/M. 1989, 113
[2] Küng, Weltethos für Weltpolitik und Weltwirtschaft (1997), 139
[3] Ebd., 140
[4] Küng (Hrsg.), Dokumentation zum Weltethos, 25

stand von ähnlichen ethischen Orientierungen gibt. Daraus folgert er nicht nur normative Übereinstimmungen, sondern auch die Universalität dieser Normen. „Das Weltethos", so nämlich Küng, „ist der Grundkonsens bezüglich verbindlicher, unwiderruflicher Maßstäbe und Grundhaltungen, die von allen Religionen trotz ihrer dogmatischen Differenzen bejaht (. . .) werden können."[1] Indem die Normen verbindlich und sogar unwandelbar sind, haben sie offenbar universelle Geltung, d.h. sie gelten unabhängig von Zeit und Raum. Sie müssen unbedingt befolgt werden, also nicht bloß unter bestimmten Bedingungen. Außerdem unterliegen sie keinem Wandel angesichts des Wandels der Zeiten. Ähnlich argumentieren auch Leo Strauss und der ethische Universalismus in der Philosophie.

Außerdem handelt es sich um eine Übereinkunft zwischen den Weltreligionen, indem das Parlament der Weltreligionen die *Weltethos-Erklärung* annahm. Auch diese insistiert auf der Universalität bestimmter ethischer Normen; denn in ihr heißt es: „Wir bekräftigen, dass es eine unwiderrufbare, unbedingte Norm für alle Bereiche des Lebens gibt, für Familien und Gemeinden, für Rassen, Nationen und Religionen."[2] Normativ betrachtet ist das freilich kein allzu gutes Argument. Denn dass welches Parlament auch immer etwas beschließt, bedeutet noch lange nicht, dass das Beschlossene richtig ist, bzw. mit der beschrieben Sachlage übereinstimmt oder dass eine Norm daher nun universell gilt, somit nicht verrückbar wäre, letztlich absolut. Da hallt leider zu wenig von der Pilatus-Entscheidung nach. So schreibt Günter Abel: „Der (. . .) biblische Vergleich von Demokratiegedanke und Prozess Jesu (in dem Pilatus die Mehrheit deshalb entscheiden lässt, weil er nicht weiß, was Wahrheit ist) verliert einiges von seiner subtilen antidemokratischen Kraft. Denn der Vergleich lebt von der Vo-

---

[1] Küng, Weltethos für Weltpolitik und Weltwirtschaft (1997), 132
[2] Küng (Hrsg.), Dokumentation zum Weltethos, 16

raussetzung eines absoluten und essentialistischen Wahrheitsbegriffs."[1]

Für Küng war sicher wichtig, dass Vertreter verschiedener Religionen das Konzept eines Weltethos billigten. Außerdem genießen in religiösen Kulturen deren führende Vertreter zumeist eine große Autorität. Eine Versammlung aus solchen Vertretern besitzt ein anderes Charisma als eine damit verglichen politische Versammlung, selbst wenn deren Mitglieder ihr Mandat einer ordentlichen Wahl verdanken.

Trotzdem bleibt diese Unterscheidung problematisch. Der charismatische Charakter der religiösen Versammlung macht diese säkular nicht glaubwürdiger, ja sogar eher verdächtig, auch wenn sich bei Strauss eine philosophische Begründung für solches Charisma finden lässt: „Das Mittel, durch das Gott die Offenbarungstat vollzieht, ist der Prophet, d.h. ein ungewöhnlicher, vor allen hervorragender Mensch, aber jedenfalls ein *Mensch*. Philosophisches Verständnis der Offenbarung, philosophische Begründung des Gesetzes besagt, also: Erklärung der Prophetie aus der *Natur des Menschen*."[2]

Auch im Säkularismus findet sich ein Elitarismus, der die Elite durch ihre Qualifikation legitimiert, heute in der Regel durch ihre Bildung, welche auch immer, kann es auch eine Spezialbildung sein. Freilich ist dieser säkulare Elitarismus innerhalb der Philosophie durchaus umstritten, gibt es längst auch einen weit verbreiteten Egalitarismus. Zwar bestehen folglich zahlreiche Parallelen zwischen Religion und Philosophie, jedoch keine einheitlichen Positionen innerhalb der Philosophie, sowenig wie zwischen den Religionen mit ihren massiven Gegensätzen.

Damit entfaltet denn auch der folgende Satz eher eine normative Dimension, die deswegen nicht unbedingt eine performative Kraft entfalten muss. „Wir bekräftigen, dass sich in den

---

[1] Abel, Sprache, Zeichen, Interpretation, 1999, 352
[2] Leo Strauss, Philosophie und Gesetz (1935) – Frühe Schriften, Gesammelte Schriften Bd. 2, Stuttgart, Weimar 1997, 90

Lehren der Religionen ein gemeinsamer Bestand von Kernwerten findet und dass diese die Grundlage für ein Weltethos bilden."[1] Freilich entwickelt diese Zustimmung doch ein gewisses pragmatisches Gewicht, so dass die Performanz nicht ausbleibt.

Allerdings stellt diese Performanz das normative Gewicht eher in Frage. Gerade weil sich diese Übereinstimmung nicht von selbst versteht, muss sie betont werden. Normativitäten, die sich nicht von selbst verstehen, werden durch Bekräftigungen aber gerade nicht selbstverständlicher, entfalten damit keine performative Kraft, sondern schwächen dieselbe. Denn ethische Werte haben genau dann eine große Performanz, wenn sie sich von selber verstehen, wie beispielsweise: Du sollst nicht töten! Und natürlich gilt auch dieser Imperativ nicht kategorisch: Das Militär. Aber zumindest im Katholizismus ist das alles nicht so kategorisch gemeint und der Protestantismus tut auch nur so als ob.

Auch ein weiteres Argument versteht sich nur religiös eventuell von selbst, wenn es nämlich in der *Weltethos-Erklärung* heißt „Es gibt bereits uralte Richtlinien für menschliches Verhalten, die in den Lehren der Religionen der Welt gefunden werden können und welche die Bedingung für eine dauerhafte Weltordnung sind."[2] Rein systematisch scheiden sich hier die Geister zwischen religiösen und säkularen Zeitgenossen. Für den Rationalisten kann das Alter einer Angelegenheit kein Argument für dessen Richtigkeit oder Gültigkeit sein. Für religiöse Vertreter spielen Alter und Herkunft indes gewichtige Rollen, schließlich berufen sich Religionen regelmäßig auf ihre Stifter als herausragende Autoritäten und die man schon länger nicht mehr gesehen hat.

Freilich völlig frei von solcher Argumentation sind indes auch säkulare Zeitgenossen keineswegs. Alter und Autorität beeindrucken auch diese häufig. Denn man argumentiert auch in diesen Kreisen mit Berufung auf Autoritäten und keineswegs

---

[1] Küng (Hrsg.), Dokumentation zum Weltethos, 16
[2] Ebd., 16

wird immer daran gedacht, dass es nur systematisch und rational um die Sache gehen sollte. Und häufig geht es dabei auch nur um die Auslegung der Autoritäten ähnlich wie manchen Bibelexegesen.

Ein weiteres Argument in diesem Zusammenhang entwickelt auch eher nur einen rein normativen Anspruch: „Wir bekräftigen, dass diese Wahrheit bereits bekannt ist, aber noch mit Herz und Tag gelebt werden muss."[1] Das ist dann ein Argument, wenn die Bekennenden eine entsprechende anerkannte Autorität genießen. Wenn die Wahrheit dabei bereits bekannt ist, entsteht daraus eine performative Stärke, mehr auch nicht. Trotzdem kann man ähnliche Argumente auch in säkularen Kreisen hören. Trotzdem gibt Küng damit indirekt zu, dass die gemeinsamen ethischen Werte keineswegs so selbstverständlich sind.

Denn hier entsteht die Differenz zwischen Regelgeltung und Regelanwendung und damit die Frage, ob eine Regel wirklich gilt, wenn sie nicht angewendet wird, was ihren universellen Anspruch schwächt. Dessen ist sich Küng freilich durchaus bewusst, wenn er schreibt: „Aber ein Ethikcode ist nun einmal kein Gesetz, das sicherstellen will und kann, dass ethisches Fehlverhalten nicht vorkommt, sondern er ist ein Maßstab, an dem Firmen-Leitbilder und konkretes Handeln gemessen werden können."[2] Dadurch entsteht ein notorisches Problem für universelle Ansprüche von ethischen Orientierungen. Stehen sie in Frage, weil sie keineswegs überall Beachtung finden? Oder beschränkt sich ihr universeller Anspruch darauf, als Postulate Anerkennung zu finden unabhängig davon, inwieweit sie befolgt werden und was man unter ihrer Geltung verstehen kann?

Religiös begründete Ethiken lösen dieses Problem gemeinhin dadurch, dass sie ethische Gebote als göttlich auszeichnen, was

---

[1] Ebd., 16
[2] Küng, Anständig wirtschaften – Warum Ökonomie Moral braucht, München 2010, 290

ihre Geltung absichern soll. Nur, dass das säkular betrachtet dieses Problem nicht löst. Jede Art der Geltungsbehauptung rekurriert auf bestimmte Argumente, seien diese Berufungen auf Autoritäten oder auf die Vernunft, was zwar für die Geltung plädieren soll, sich trotzdem weiterhin nicht nur mit einem Mangel an Anwendung konfrontiert sieht, der jede Geltung beeinträchtigt. Auch die Autoritäten, auf die man sich beruft, lassen sich in Frage stellen, selbst die göttliche, was ja auch fleißig stattfindet.

Nun hat Küngs *Projekt Weltethos* primär einen anderen Zweck, als sich um spezielle philosophische Probleme zu bemühen. Denn ihm geht es darum, mit dem *Projekt Weltethos* einen Beitrag zu einer humaneren Weltordnung zu leisten, indem der Konflikt der Kulturen abgemildert wird. Dabei handelt es sich um einen ethischen Beitrag, der sich natürlich der Kritik ausgesetzt sieht, dass die Ethik letztlich wirkungslos bleibt, weil sie ja gerade nicht zwingen kann. Dessen ist sich ja Küng auch bewusst.

Dieses im 19. Jahrhundert weit verbreitete Argument schwächte sich jedoch seit den 1970er Jahren ab, als sich gezeigt hatte, dass man die Welt mit Gewalt gerade nicht so verändern kann, wie man es beabsichtigt. Dagegen gab es für Hegel, Marx und Nietzsche nur die Gewalt, um die Welt zu verändern. Konservative Philosophen haben mit der Gewaltanwendung gleichfalls keine Probleme. Denn letztlich kann man mit Gewalt die Welt eine Weile in einem Status quo halten, der sich durch Gewaltanwendung freilich verändert.

2. Menschenrechte und Menschenpflichten

Küng beruft sich dagegen auf das entscheidende Argument, das die Bedeutung der Ethik unterstreicht, dass nämlich erst die Ethik dem Recht Dauerhaftigkeit verleiht, was übertragen auf die Weltordnung ein Weltethos nötig macht. Zumindest reduziert sich das Recht auf seine Positivität, wenn es auf eine ethisch normative, z.B. eine naturrechtliche Begründung verzichtet. Gegenüber einem positiven Recht lassen sich keine ethischen Ansprüche formulieren, was mindestens einer technokratischen Expertenherrschaft den Weg ebnet. Beispielsweise sind Menschenrechte dann keine Argumente mehr, höchstens nachgeordnete, die jedenfalls keine primäre Rolle spielen. Wenn man naturwissenschaftlich, gar medizinisch argumentiert, geraten ethische und normativ rechtliche Einwände in den Hintergrund, so bei Christian Thielscher: „Koppelt man Menschsein an die Genetik, dann ist das Leben wichtiger als Selbstbestimmung. Wenn es unterschiedliche Grade von Menschsein gibt, nicht unbedingt."[1]

Küng überträgt das ethische Problem der Rechtsbegründung auf die internationale Ebene einer Weltordnung, um die man sich in der UN bemüht, ein Problem, das mit fortschreitender internationaler Verflechtung, also mit zunehmender Globalisierung virulenter geworden ist. Dementsprechend heißt es im Projekt Weltethos: „was aber ist eine Weltordnung ohne ein – bei aller Zeitgebundenheit – verbindendes und verbindliches Ethos für die gesamte Menschheit, ohne ein Weltethos? (. . .) Ethik, wenn sie zum Wohle aller funktionieren soll, muss unteilbar sein. Die ungeteilte Welt braucht zunehmend das ungeteilte Ethos! Die postmoderne Menschheit braucht gemeinsame Werte, Ziele, Ideale, Visionen."[2] Das ist natürlich ein sehr

---

[1] Christian Thielscher, Wirtschaft und Gerechtigkeit, Wiesbaden 2022, 265
[2] Küng, Projekt Weltethos (1990), 57

hoher Anspruch, der sich so einfach nicht einlösen lässt. Fraglich bleibt auch, ob man mit einem einheitlichen Ethos der menschlichen Verschiedenheiten gerecht zu werden vermag. Angesichts einer heute eher auseinanderdriftenden Welt wird das noch fraglicher.

Aber auch auf internationaler bzw. auf globaler Ebene ist eine rein positive Rechtsetzung den diversen Machtinteressen um so mehr ausgeliefert. Dagegen könnten ethische Gemeinsamkeiten eine vermittelnde Wirkung entfalten, die der Durchsetzung reiner Machtinteressen zumindest widerstreiten. Das lässt sich aber nicht einfach voraussetzen, sondern eher vornehmlich anstreben und dazu leistet das *Projekt Weltethos* sicher einen wichtigen Beitrag – das Lebenswerk von Hans Küng. In dieser Perspektive ist es denn auch das bedeutendste Projekt einer politisch angewandten Ethik um die Jahrtausendwende.

Dass das ein *work in progress* ist, dessen ist sich nicht nur Küng bewusst, heißt es vielmehr in der *Weltethos-Erklärung*: „Wir *alle* haben eine *Verantwortung für eine bessere Weltordnung*. Unser Einsatz für die Menschenrechte, für Freiheit, Gerechtigkeit, Frieden und die Bewahrung der Erde ist unbedingt geboten."[1] Es handelt sich also um einen Aufruf an alle Menschen, wiewohl gerade die Frage der Menschenrechte ja keineswegs unumstritten ist. Es werden sich davon kaum alle Menschen und vor allem Staaten angesprochen fühlen. Viele weisen das auch zurück. Insoweit reduziert sich der universelle Anspruch des Weltethos-Projektes auf das, was konkret dafür getan wird.

Daher konzentriert sich das *Projekt Weltethos* auch keinesfalls alleine auf die Menschenrechte. Angesichts eines neoliberal ausufernden Individualismus, wie er sich in den neunziger Jahren präsentiert, formuliert Küng auch die *Erklärung der Menschenpflichten*. Denn „aus den Menschenrechten allein," schreibt Hans Küng, „so grundlegend sie für den Menschen sind, lässt sich kein umfassendes Menschheitsethos ableiten,

---

[1] -Küng (Hrsg.), Dokumentation zum Weltethos, 20

das auch des Menschen vorrechtliche Pflichten umfassen muss. Vor jeglicher rechtlichen Fixierung und staatlichen Gesetzgebung gibt es die sittliche Eigenständigkeit und bewusste Eigenverantwortung des einzelnen Menschen, mit der nicht nur elementare Rechte, sondern auch elementare Pflichten verbunden sind."[1] Einerseits soll damit die individuelle Eigenverantwortung gefordert werden, andererseits aber auch eine unhintergehbare Verpflichtung, was natürlich einen gewissen Gegensatz darstellt, der sich nicht so leicht überwinden lässt.

Trotzdem ist es Küng damit gelungen, das *Projekt Weltethos* nicht nur im *Parlament der Weltreligionen*, sondern auch in der UN und im *Interaction Council* anzusiedeln, also auf der Ebene zumindest ehemals führender Politiker, die auch in die aktuelle Politik reicht. Das war sicher eine bedeutende Leistung von Küng. Allerdings erhält das *Projekt Weltethos* dadurch primär eine Top-down-Perspektive, die Bottom-up-Prozesse nicht direkt motiviert.

Aber nicht nur der Problematik der konkreten Umsetzung des Weltethos-Projektes ist sich Küng bewusst, das letztlich doch von einzelnen Menschen realisiert werden muss. Er sieht auch die Problematik konkreter Anwendung von ethischen Orientierungen einerseits, weil diese andererseits von Prozessen des Ortes und der Zeit abhängig sind. Denn – hier klingt eine berühmte Formulierung Kants an – „Normen ohne die Situation sind leer;" schreibt Küng, „die Situation aber ohne Norm ist blind. Vielmehr: Die Normen sollen die Situation erhellen, und die Situation die Normen bestimmen."[2]

Die Anwendung von Normen versteht sich keineswegs von selbst. In jeder Situation muss man überlegen, welche ethische Orientierung dabei die gebotene ist, eine wichtige Rolle spielt. Dafür gibt es keine weitere Regel; denn dann befände man sich im von Ludwig Wittgenstein so benannten unendlichen Regel-

---

[1] Küng, Weltethos für Weltpolitik und Weltwirtschaft (1997), 145
[2] Küng, Projekt Weltethos (1990), 83

regress, bedürfte man schließlich für diese Regel auch wieder einer Regel usw.

Was Wittgenstein über Regeln der Sprache formuliert, gilt für jede Regel, auch für ethische Orientierungen. Letztlich muss eine Entscheidung getroffen werden, die immer ein Moment der Willkür enthält. Insofern ist es schwierig aus der Situation heraus die Norm zu bestimmen. Aber dadurch dass man eine Norm wählt, erhält die Situation ihren ethischen Sinn, was letztlich die Performanz der Norm bekräftigt. Insofern ist eine Situation ohne ethische Norm zumindest ethisch sinnlos, eben normlos.

Regeln alleine aber sagen noch nichts. So schreibt Küng an derselben Stelle weiter: „Gut, sittlich ist also nicht einfach das abstrakt Gute oder Richtige, sondern das konkret Gute oder Richtige: das Angemessene. Mit anderen Worten: Nur in der bestimmten Situation wird die Verpflichtung konkret. Aber in einer bestimmten Situation, die freilich nur der Betroffene selber zu beurteilen vermag, kann die Verpflichtung durchaus unbedingt werden." Indem das der Einzelne entscheidet und kein Prinzip, keine Gemeinschaft, keine Autorität, individualisiert sich die Pflicht, die dann kein vorgegebener Zwang mehr ist. Für Kant ist denn Pflicht auch immer freiwillig und erst das militarisierte 19. Jahrhundert hat daraus einen Zwang gemacht, versucht man heute die Verantwortung ähnlich zum Zwang umzuinterpretieren.

Damit argumentiert Küng aristotelisch, was ja keineswegs verwunderlich ist. Nach Aristoteles muss der einzelne in der jeweiligen Situation entscheiden, welche Tugend angemessen ist und wie sie befolgt wird. Aristoteles schreibt: „Im Bereich der Handlungen und des Förderlichen gibt es nichts Stabiles, wie auch nicht beim Gesunden. Dies gilt schon vom Allgemeinen und erst recht vom Einzelnen, wo sich nichts genau festlegen lässt. Weder eine Wissenschaft noch allgemeine Empfehlungen sind dafür zuständig, sondern die Handelnden selbst müssen die jeweilige Lage bedenken, ebenso wie in der Medizin und in der Steuermannskunst."[1] Es ist also keineswegs so, dass man für Aristoteles Tugenden blind anwenden soll. Das ist kein Gesetzesgehorsam oder Befehlsgehorsam, sondern eine Form der Autonomie, auf die sich auch Küng beruft.

Insofern steht er auch dem Aristoteliker Thomas von Aquin nahe, was wenig verwunderlich ist, den er indes mehr als Revolutionär wider Willen interpretiert, nicht als jemanden, der ein nicht zu erschütterndes Weltbild geschaffen hat, auf das sich Neothomisten bis heute berufen. Nach Küng hat Thomas dagegen wesentlich die Türe „zur Heraufkunft des neuzeitlichen autonomen Menschen, seiner Wissenschaft und Philosophie, seines natürlichen Rechtes und seiner autonomen Ethik"[2] geöffnet. Damit interpretiert Küng primär die Wirkung von Thomas, diese aber in einem sehr modernen Sinn, der ihn selbst noch inspiriert.

Jedenfalls gelten für Küng moralische Prinzipien nicht wie für Kant in einem allgemeinen abstrakten Sinn, sondern müssen vom einzelnen in jeder Situation wohl überlegt werden – dem ähnelt auch Wittgensteins Regelregress. So schreibt Küng an der oben aus dem *Projekt Weltethos* zitierten Stelle weiter: „Das heißt: Unser Sollen ist immer situationsbezogen, aber in einer bestimmten Situation kann das Sollen kategorisch werden: ohne Wenn und Aber. In jeder konkreten sittlichen Entscheidung ist also die allgemeine normative Konstante zu verbinden mit der besonderen situationsbedingten Variablen."[3] Freilich relativiert sich damit durch die Situation die universelle Norm und erfährt nur noch eine punktuelle Anwendung, was letztlich ihrer Universalität widerspricht, weil sie eben nicht absolut oder generell gilt.

---

[1] Aristoteles, Die Nikomachische Ethik (334-323 v. Chr.), München 1972, 1104 a 3, 83
[2] Küng, Existiert Gott? Antwort auf die Gottesfrage der Neuzeit (1978), 3. Aufl. München 1995, 59
[3] Küng, Projekt Weltethos (1990), 83

Natürlich wird Küng dadurch kein ethischer Relativist. Die Normen gelten immer noch absolut, jedenfalls in Platons Himmel der Ideen. Aber im Leben müssen sie wohl bedacht werden. Das lässt sich durchaus mit John Dewey vergleichen, wenn dieser 1920 schreibt: „Die unterstellte Tatsache, dass die Moral unwandelbare außerzeitliche Prinzipien, Maßstäbe, Normen, Ziele als den einzig sicheren Schutz gegen ein moralisches Chaos verlange, kann sich freilich zu ihrer Unterstützung nicht mehr auf die Naturwissenschaften berufen, ebenso wenig, wie sich mit Hilfe der Wissenschaft rechtfertigen lässt, die Moral (in Theorie und Praxis) von Erwägungen der Zeit und des Ortes, d.h. also von Prozessen der Veränderung, auszunehmen.“[1] Dewey, einer der Hauptvertreter des US-amerikanischen Liberalismus in der ersten Hälfte des 20. Jahrhunderts, zählt zur zweiten Generation des Pragmatismus, der ersten originär US-amerikanischen Philosophie.

Just dieser Pragmatismus verbindet Küng denn auch mit Dewey. Denn Küng argumentiert häufig sehr pragmatisch, versteift sich nicht auf bestimmte Prinzipien. Und wenn er solche für unwandelbar und unbedingt erklärt, dann gilt das nicht generell, wie man in der Tradition Kants argumentiert, sondern muss in der Situation abgewogen werden.

---

[1] Dewey, Die Erneuerung der Philosophie (1920), 17

3. Verantwortungs- und Gesinnungsethik

Nicht nur die aristotelische Philosophie kehrt derart gemäßigt pragmatisch wieder, auch jene des Thomas von Aquin. Und das gilt auch um so mehr in der Politik, wenn Küng schreibt: „Ethische Normen ohne Berücksichtigung der politischen Situation sind kontraproduktiv; ethische Entscheide sind immer konkret. Politische Ethik meint auch keine gewiefte clevere Taktik, die für alles eine Entschuldigung hat."[1] Dass Küng kein Machiavellist ist, das versteht sich von selbst, so dass er sich den letzten Satz eigentlich hätte sparen können. Aber ähnlich wie in der Verantwortungsethik von Max Weber kommt es für Küng gerade in der Politik auf die Situation an. Hier schimmert hintergründig auch ein Elitarismus durch.

Aber es geht ihm sicherlich darum, die politische Ethik von jedem Verdacht der Machtpolitik und des schieren politischen Pragmatismus zu befreien, der in der Tat vom philosophischen Pragmatismus zu unterscheiden ist. Letzterer beruft sich auf liberale Werte, mag sich dabei auch ein ethischer Relativismus einstellen. Aber Küng argumentiert hier zudem gegen die Gesinnungsethik, die Max Weber von der Verantwortungsethik abgrenzt: „es ist ein abgrundtiefer Gegensatz, ob man unter der gesinnungsethischen Maxime handelt – religiös geredet: ‚Der Christ tut recht und stellt den Erfolg Gott anheim'–, *oder* unter der verantwortungsethischen: dass man für die (voraussehbaren) *Folgen* seines Handelns aufzukommen hat."[2] Weber bringt mit dieser Unterscheidung die Verantwortungsethik auf den Begriff, die dann im 20. Jahrhundert Karriere machen wird.

Die Ethik des Aristoteles konzentriert sich auf aktivische Tugenden des Athener Bürgers, der sich an seiner Polis aktiv beteiligt. Das Christentum propagiert eher passivische Tugen-

---

[1] Küng, Weltethos für Weltpolitik und Weltwirtschaft (1997), 107
[2] Max Weber, Politik als Beruf (1919); in: ders., Gesammelte politische Schriften, 3. Aufl. Tübingen 1971, 551

den der Demut oder der Jungfräulichkeit. Seit der Aufklärung setzt sich diese Neigung, Regeln zu befolgen, auch in säkularen Kreisen fort. Es geht nicht um politisches Handeln, sondern um politischen Gehorsam; denn man erklärt zwar alle für mündig, traut sich indes nicht daraus auch die entsprechenden Konsequenzen zu ziehen: Letztlich müssen die angeblich mündigen Bürger primär gehorchen und Gesetze befolgen. Wie bringt das Hegel auf den treffenden Begriff: „Es ist das sittliche Ganze – *der Staat*, welcher die Wirklichkeit ist, worin das Individuum seine Freiheit hat und genießt, (. . .)."[1] Dann gibt es keine sittliche Handlung mehr, auch keine Autonomie.

Mit der Verantwortungsethik Max Webers kehrt das Handeln in die Ethik zurück. Freilich beschränkt Weber die Verantwortung auf die führenden politischen oder ökonomischen Protagonisten, während die Untertanen zu gehorchen haben und keine Verantwortung für die Folgen ihres Handelns tragen. Auch Hans Jonas, der 1979 mit seinem Buch *Das Prinzip Verantwortung* die ökologische Ethik fundamentiert, sieht das ähnlich. Interessant ist dabei vor allem, dass sich beide gegen den Geist der Zeit trauen, elitär zu argumentieren. Dagegen dehnen Sartre 1943 und Emmanuel Lévinas 1961 die Verantwortung auf alle Menschen aus.

Küng geht dabei eher einen Mittelweg. Zwar betrifft auch die Verantwortung alle Menschen. Aber sie sollen sich primär an ethischen Normen orientieren und nicht allein auf die Folgen ihrer Handlungen achten. Dabei folgt Küng weitgehend dem gängigen Verständnis von Verantwortung, wenn er schreibt: „*Verantwortung* allgemein verstanden meint die Verpflichtung für etwas Geschehenes einzustehen und in konflikthaften Entscheidungen gewissenhaft Pflichten und Folgen abzuwägen. Im 20. Jahrhundert wurde der Begriff Verantwortung zu einem Schlüsselbegriff der Ethik."[2] Für Weber wie daran anschlie-

[1] G.W.F. Hegel, Vorlesungen über die Philosophie der Geschichte (1822-32), Theorie Werkausgabe Bd. 12, Frankfurt/M. 1970, 55
[2] Küng, Anständig wirtschaften, 2010, 125

ßend für Sartre heißt Verantwortung, seine Handlungen an den voraussehbaren Folgen zu orientieren, die man zu verantworten hat. Moralität misst sich dann weniger an der Orientierung an Normen, als an den Folgen des Handelns.

Küng folgt dabei Sartres Idee der individuellen Freiheit und der sich daraus ergebenden Verantwortung, wenn er in einem Gespräch 2002 sagt: „Wenn Sie lügen wollen, können Sie lügen. Die Frage ist, ob Sie dabei erwischt werden oder nicht. Aber ob Sie das wollen oder nicht, das ist Ihre ganz persönliche Entscheidung. Und insofern ist es eine großartige Sache, dass der Mensch letztlich doch Herr seiner selbst ist, bei all dem, was ihn ständig an äußeren – und inneren – Einflüssen schiebt, bedrängt und bewegt. Jeder Mensch kann so oder anders handeln. Die Selbstverantwortung ist nicht zuletzt in einer Zeit globaler Bewegungen von größerer Bedeutung und findet heute bis hin zu Fragen des Internationalen Gerichtshofes neue Beachtung."[1]

Für Sartre ist jeder Mensch auf Grund seiner Bewusstseinsstruktur frei und damit für seine Handlungen auch verantwortlich, d.h. auch, er kann sein Leben nach eigenen Vorstellungen gestalten. Was Sartre dabei als Chance zum Widerstand gegen die deutsche Besatzung Frankreichs entwickelte, daraus zieht Küng denn die Konsequenz, dass nämlich die individuelle Verantwortung zu einem Engagement für soziale und politische Fragen befähigt.

Er verabschiedet auch das pastorale Verständnis, nach dem sich die Gläubigen von der Kirche lenken lassen müssen. Wenn sie selbstverantwortlich sind, dann sind sie auch mündig, d.h. sie dürfen nicht mehr bevormundet werden bzw. sie lassen sich nicht mehr bevormunden. So antwortet er 2002 auf die Frage, was der nächste Papst nach Johannes Paul II. zu beachten habe, mit den Worten: „Er sollte realisieren, was mittlerweile an Freiheit in der Menschheit und in der Kirche gewachsen ist. Er müsste zur Kenntnis nehmen, dass man die Menschen im Zeit-

---

[1] Küng, Wozu Weltethos? 2002, 27

alter der Säkularisierung, der Pluralisierung und der Individualisierung nicht mehr wie Schafe behandeln kann."[1] Auch viele Gläubige glauben längst nicht mehr an die von der Kirche vertretenen Glaubensinhalte in der Form, wie sie dort immer noch gepredigt werden – gerade hinsichtlich der Sexualethik.

Die Pluralisierung führt zu von der Tradition abweichenden Lebensformen wie der Homo-Ehe oder auch der schlichten Ehe ohne Trauschein. Mit der nicht gleichgestellten Rolle der Frauen geben sich viele nicht mehr zufrieden. Wie kommentiert das Küng theologisch klar: „Die in der Tradition vorfindbaren Gründe für den Ausschluss der Frau (durch ‚das Weib' kam die Sünde in die Welt; die Frau wurde als zweite erschaffen; die Frau ist nicht nach dem Bilde Gottes erschaffen; die Frau ist kein volles Mitglied der Kirche; Menstruationstabu) können sich nicht auf Jesus berufen und zeugen von einer grundsätzlichen theologischen Diffamierung der Frau."[2] Trotzdem versucht die Katholische Kirche immer noch, an solchen traditionellen Vorstellungen festzuhalten.

Individualisierung bedeutet dagegen für die Gemeinden, dass sich viele an diese nicht mehr gebunden fühlen, sich an ihnen nicht mehr beteiligen oder orientieren. Das hat längst zu einem massiven Wertewandel geführt, den Traditionalisten religiöser oder säkularer Provenienz natürlich verurteilen und von Wertezerfall sprechen. Wie schreibt doch der konservative Medientheoretiker Norbert Bolz: „Die Kultur der Jobs verachtet die Kultur der Familie. (. .) Eine Frau, die arbeitet, ist unserer Gesellschaft heute mehr wert als eine Hausfrau und Mutter."[3] Na ja, wenn es den stimmt, warum nicht? Um Beitragszahler für die Rente oder Soldaten in die Welt zu setzen?

Und wie schrieb ein befreundeter Jesuit an Küng, als er davon erfuhr, dass Küng auch für sich selbst für ein selbstbestimmtes Sterben eintritt: „Dein Leiden wird Segen und Gnade

---

[1] Ebd., 48

[2] Küng, Ist die Kirche noch zu retten? München 2011, 234

[3] Norbert Bolz, Die Helden der Familie, München 2006, 29

für uns werden, wie der schmerzvolle Tod Jesu für uns zum Heil geworden ist. In diesem Heil ist auch das Ja zum Leiden wesentlich miteingeschlossen. Der unendliche Gott nimmt Dir die Verantwortung für Dein Leben in vergebender Liebe ab."[1] Dem widerspricht Küng mit den Worten: „Doch Nachfolge Christi biblisch verstanden meint (. . .) nicht die getreue Kopie eines Lebensmodells."[2] Küng lebt also selbst den Wertewandel, damit die Selbstverantwortung, lässt sich diese nicht von einem Gott entwenden.

So bedauert er den Wertewandel auch nicht, sondern schätzt ihn durchaus positiv ein, und zwar offensichtlich auch mit erheblich weniger Bedauern als der sowohl liberale als auch religiöse politische Philosoph Charles Taylor, der erkennt, „dass eine echte Werteverschiebung eingetreten ist. (. . .) Nach meiner Überzeugung hat dieser Wechsel zwar offensichtliche Nachteile mit sich gebracht, ist aber alles in allem positiv zu bewerten."[3].

Küng versucht stattdessen, traditionelle und neue ethische Orientierungen und Werte miteinander zu vermitteln, so dass we ja auch die Tradition nicht einfach untergeht. Er schreibt: „Daraus ergibt sich auch, dass es sich um einen gesellschaftlichen Wandel nicht gegen, in Abwendung von Wissenschaft, Technologie, Industrie und Demokratie handelt, sondern um einen Wandel im Bunde mit diesen früher verabsolutierten, jetzt aber relativierten gesellschaftlichen Mächten. Die spezifischen Werte der industriellen Moderne – Fleiß ('industria'!), Rationalität, Ordnung, Gründlichkeit, Pünktlichkeit, Nüchternheit, Leistung, Effizienz – sollen nicht einfach abgeschafft"[4] werden. Nein, diese Werte sind durchaus erhalten geblieben, genauso wie die Ablehnung der Technologie keineswegs flä-

---

[1] Zit. in: Küng, Glücklich sterben? Mit dem Gespräch mit Anne Will, München, Zürich 2014, 146
[2] Ebd., 150
[3] Taylor, Ein säkulares Zeitalter (2007), 799
[4] Küng, Projekt Weltethos (1990), 42

chendeckend passiert. Umgekehrt hat sich sogar eine neue Bewunderung für die Technik eingestellt. Küng hat das schon 1990 gesehen, als die ökologische Kulturkritik auf breite Resonanz stieß.

In der Tat ließen die Werte einer traditionellen Gesellschaft bis vor einem guten halben Jahrhundert keine anderen Werte neben sich zu, wurden andere Orientierungen als unmoralisch disqualifiziert, was sich bis heute fortschreibt, wie Bolz belegt. Im Grunde sind die Vertreter traditioneller Werte wie die US-amerikanischen Neokonservativen, die Christian Coalition, ehemalige Tea Party, etc. gegenüber diesen anderen Werten hoch aggressiv, weil sie die Lufthoheit über den moralischen Stammtischen verloren haben und sich ihre Gesellschaftsvorstellungen nicht mehr selbstverständlich durchsetzen lassen.

Trotzdem sind neue Werte entstanden, die Küng nicht nur sehr positiv beschreibt: die vielmehr mit den alten Werten, „in einer neuen Konstellation neu interpretiert und mit den neuen Werten der Postmoderne, mit Imagination, Sensibilität, Emotionalität, Wärme, Zärtlichkeit, Menschlichkeit, kombiniert werden. Es geht also nicht um Verwerfungen und Verdammungen, sondern um Gegengewichte, Gegenentwürfe, Gegensteuerungen, Gegenbewegungen."[1]

Damit erklärt Küng natürlich Angelegenheiten zu ethischen Werten, von denen die Traditionalisten gar nichts wissen wollen, haben diese Werte gerade nicht mit Unterordnung, Gehorsam und Opferbereitschaft zu tun, verkörpern sie vielmehr eine Gesellschaft, die sich von den militärischen Tugenden verabschieden will, gerade auch von den mönchischen aus der christlichen Tradition: So gründet der Theoretiker des Klosterlebens Johannes Cassianus im 4. Jahrhundert den Gehorsam auf die „Demut, verstanden als permanenter Zustand des Gehorsams, Akzeptanz jeglicher Unterwerfung, Wille, nicht zu wollen, und Verzicht auf jeglichen Willen, auf dem Weg zur Vollkommen-

---

[1] Küng, Projekt Weltethos (1990), 42

heit (. . .)"[1] – schreibt Michel Foucault in seinem erst 2018 veröffentlichten vierten Band von *Sexualität und Wahrheit*. Diese autoritäre Tradition hat Küng längst verabschiedet, vermittelt er stattdessen die Werte der industriellen Moderne mit den Werten, die der Sinnlichkeit wieder einen gebührenden Platz einräumen.

Nicht nur dass er dabei nicht mehr dem Gehorsam vertraut. Vielmehr ist ihm völlig klar, dass man auch gegenüber den großen globalen Herausforderungen auf die Mündigkeit der Menschen setzen muss, ohne die diese Probleme nicht bewältigt werden können. Das hat Küng sogar in die *Erklärung der Menschenpflichten* des *Interaction Council* hineingeschrieben und damit dessen Intention etwas ironisiert, statt Menschenrechten Pflichten zur Pflicht, also zum Zwang zu machen. Denn in der *Erklärung* heißt es: „Da alle Menschen nach bestem Wissen und Vermögen eine Verantwortung haben, sowohl vor Ort als auch global eine bessere Gesellschaftsordnung zu fördern – ein Ziel, das mit Gesetzen, Vorschriften und Konventionen allein nicht erreicht werden kann,"[2] können gerade die Staaten den globalen Herausforderungen nur gerecht werden, wenn sie sich ihrerseits auf das freiwillige Engagement ihrer Bürger stützen können. Verantwortung lässt sich nun mal nicht verordnen. Sie ist immer freiwillig. Sie lässt sich auch nicht von den Staaten abnehmen, bleiben die Menschen trotzdem dafür verantwortlich, was sie tun, wenn sie das auf Anweisungen hin tun wie die unzähligen Kriegsverbrecher oder Mitglieder terroristischer Vereinigungen wie der SS.

Die postmodernen Werte der Sensibilität, für die Küng eintritt, spiegeln sich auch in seinem ethischen Verständnis vom Menschen und vom Guten insgesamt, das sich ebenfalls vom traditionellen Verständnis unterscheidet, wie es Leo Strauss vertritt. In Bezug auf Platon schreibt er sogar: „Der Mensch ist

---

[1] Foucault, Die Geständnisse des Fleisches – Sexualität und Wahrheit 4 (2018), Berlin 2019, 175
[2] Küng (Hrsg.), Dokumentation zum Weltethos, 100

so veranlagt, dass er die Perfektion seiner Menschlichkeit nur durch die Zügelung seiner niederen Impulse erreichen kann. Er kann seinen Körper nicht durch Überredung beherrschen. Allein diese Tatsache zeigt, dass sogar die despotische Herrschaft nicht *per se* naturwidrig ist."[1] Da Strauss den Menschen gleichermaßen für gefährlich wie gefährdet hält, folgert er daraus platonisch dessen Herrschaftsbedürftigkeit durch weise Eliten.

Das ähnelt den pastoral kontrollierten Schafen, was sich ja nach Küng die Menschen aber nicht mehr gefallen lassen. Damit verschiebt sich die Vorstellung vom Guten, wie sie Platon entwickelt, nach der zwar jeder seine Natur entfalten soll, diese aber nicht nur festgelegt ist, sondern durch die weisen Philosophenkönige gelenkt wird. Wie heißt es doch in der *Politeia*: „Es scheint, dass unsere Herrscher allerlei Täuschungen und Betrug werden anwenden müssen zum Nutzen der Beherrschten."[2] Ähnliches wird viel später Machiavelli als Technik der Fürstenherrschaft feststellen.

Dagegen entwickelt Küng ein Verständnis vom ethisch Guten, nach dem gerade das individuelle Leben sich entfalten soll. So fragt er: „Was ist gut für den Menschen? (. .) Was ihm hilft, das zu sein, was gar nicht selbstverständlich ist: wahrhaft Mensch! Ethisches Grundkriterium ist demnach: Der Mensch soll nicht unmenschlich, rein triebhaft, ‚bestialisch', sondern soll menschlich-vernünftig, wahrhaft menschlich, eben human leben!"[3] Natürlich vertritt Küng keine hedonistische Ethik, die Ethik dem Individuum unterordnet.

Allerdings fordert Aristipp von Kyrene, der den Hedonismus begründet, eine auf Bildung beruhende und von diesem erstmals so benannte Humanität, die folgende Funktion hat, wenn er schreibt: „Herr der Lust ist nicht, wer sich ihrer enthält, sondern wer sich ihrer zu bedienen weiß, ohne sich von ihr

---

[1] Leo Strauss, Naturrecht und Geschichte (1953), 137
[2] Platon, Politeia (ca. 374 v. Chr.), 459 c, 181
[3] Küng, Projekt Weltethos (1990), 119

fortreißen zu lassen, (. . .)."[1] Askese ordnet den Menschen für Aristipp nicht einer Gemeinschaft unter, der er zu gehorchen hat. Vielmehr steht sie im Dienst des eigenen Lebens, dieses so zu führen, dass man sich den Lüsten hingeben darf und nicht ihr Opfer wird.

Auch für Küng entfaltet sich die Menschlichkeit keineswegs allein aus der Vernunft heraus wie bei Kant, der der Vernunft gegenüber der Sinnlichkeit einen absoluten Primat verleiht. Für Küng dagegen gehört zur Menschlichkeit genauso die sinnliche Seite des Menschen und zwar sowohl als Individuum wie als ein Mensch, der nicht alleine leben kann. Denn Küng schreibt: „Sittlich gut wäre also, was menschliches Leben in seiner individuellen und sozialen Dimension auf Dauer gelingen und glücken lässt: was eine optimale Entfaltung des Menschen in allen seinen Schichten (die Trieb- und Gefühlsschichten eingeschlossen) und allen seinen Dimensionen (seine Gesellschafts- und Naturbezogenheit inklusive) ermöglicht."[2] Damit insistiert Küng vor allem darauf, dass die Entfaltung des Einzelnen nicht nur auf die Gemeinschaft bezogen möglich ist – wie es eigentlich die katholische Tradition vertritt –, sondern dass diese Entfaltung eine individuelle Seite besitzt. Damit steht er dem Liberalismus nicht so fern, dem sich in dieser Hinsicht auch neuere Varianten des sozialen Denkens annähern.

---

[1] Aristippos von Kyrene (435-356 v. Chr.); in: Wilhelm Nestle (Hrsg.), Die Sokratiker (1922), Aalen 1968, Nr. 9, 165
[2] Küng, Projekt Weltethos (1990), 119

4. Humanismus und das *Prinzip Hoffnung*

Aber Küng geht sogar noch einen Schritt weiter, der so überraschend wie beachtenswert klingt. Denn er weist daraufhin, dass Humanität neu und erweitert gedacht werden muss, wenn er schreibt: „Der Mensch muss mehr werden, als er ist: er muss menschlicher werden! Gut für den Menschen ist, was ihn sein Menschsein bewahren, fördern, gelingen lässt – und dies noch ganz anders als früher. Der Mensch muss sein menschliches Potential für eine möglichst humane Gesellschaft und intakte Umwelt anders ausschöpfen, als dies bisher der Fall war."[1]

Damit fordert Küng im Grunde eine Erweiterung des Verständnisses von Humanismus und schließt indirekt an die Humanismus-Kritik vor allem in der ersten Hälfte des 20. Jahrhunderts an. Sartre fordert 1945 in seinem berühmten Vortrag *Der Existentialismus ist ein Humanismus*: „Es gibt aber einen anderen Sinn von Humanismus, der im Grund folgendes meint: (. . .) Es gibt kein anderes Universum als ein menschliches, das Universum der menschlichen Subjektivität."[2] Und Heidegger schreibt 1946 in seinem *Brief über den ‚Humanismus'*: „Gegen den Humanismus wird gedacht, weil er die Humanitas des Menschen nicht hoch genug ansetzt."[3] Darauf insistiert noch 1974 Emmanuel Lévinas in seinem zweiten Hauptwerk: „Der Humanismus verdient nur deshalb Kritik, weil er nicht human genug ist."[4] Dem steht Küng mit seiner Idee gar nicht so fern, das menschliche Potential weiter als bisher auszuschöpfen.

---

[1] Küng, Projekt Weltethos (1990), 53

[2] Sartre, Der Existentialismus ist ein Humanismus (1945), Gesammelte Werke Philosophische Schriften I, Bd. 4, Reinbek 1994, 141

[3] Heidegger, Brief über den ‚Humanismus' (1946); in ders., Wegmarken, Frankfurt/M. 1967, 161

[4] Lévinas, Jenseits des Seins oder anders als Sein geschieht (1974), Freiburg, München 1992, 284

Gleichzeitig erweitert Küng die Bezüge ins neomarxistische Denken, dem es ähnlich darum geht die Welt humaner zu gestalten. Küng schreibt: „Denn seine aktivierbaren Möglichkeiten an Humanität sind größer als sein Ist-Stand. Insofern gehören das realistische Prinzip Verantwortung und das ‚utopische' Prinzip Hoffnung (Ernst Bloch) zusammen."[1] Bloch – der andere große Tübinger im 20. Jahrhundert, der 1977 starb und dort auf dem Bergfriedhof begraben liegt – gehört zu den innovativen Marxisten, der dem dogmatisch erstarrten Marxismus bereits 1918 mit seinem Buch *Der Geist der Utopie* wieder etwas utopisches Denken einträufelt, das Marx und Engels mit ihrem szientifischen Anspruch gerade hinter sich lassen wollten.

Bloch und Küng geben sich mit einem Realismus nicht zufrieden, der die Hoffnung längst aufgegeben hat, dass die Menschen ihr humanes Potential erweitern können. Wie endet doch Blochs Hauptwerk *Das Prinzip Hoffnung*: „Die Wurzel der Geschichte aber ist der arbeitende, schaffende, die Gegebenheiten umbildende und überholende Mensch. Hat er sich erfasst und das Seine ohne Entäußerung und Entfremdung in realer Demokratie begründet, so entsteht in der Welt etwas, das allen in die Kindheit scheint und worin noch niemand war: Heimat."[2] Blochs Prinzip verbindet letztlich die Hoffnung als eine der drei christlichen Kardinaltugenden mit den humanen Ansprüchen, die sich im sozialen Denken entwickelt haben.

Wenn Küng den Menschen somit nicht für unwandelbar hält, sondern im Geist des 19. Jahrhundert von Marx, Nietzsche und Auguste Comte als entwicklungsfähig betrachtet, dann lässt Küng vor allem jene reaktionäre katholische Tradition hinter sich, die beispielsweise von Juan Donoso Cortés zu Carl Schmitt führt, der sich noch als Katholik verstand, als er 1922 über ersteren in seiner *Politischen Theologie* zustimmend schreibt:

---

[1] Küng, Projekt Weltethos (1990), 53
[2] Ernst Bloch, Das Prinzip Hoffnung (1938-47), Frankfurt/M. 1959, 3. Aufl. 1976, 1628

„Seine Verachtung der Menschen kennt keine Grenzen mehr; ihr blinder Verstand, ihr schwächlicher Wille, der lächerliche Elan ihrer fleischlichen Begierden scheinen ihm so erbärmlich. (. . .) Die Stupidität der Massen ist ihm ebenso erstaunlich wie die dumme Eitelkeit ihrer Führer."[1] Dieses antihumanistische Denken kann sich dabei durchaus auf Nietzsche berufen, der mit seinem Wort vom ‚letzten Menschen' eine ähnliche Verachtung gegenüber seinen Zeitgenossen ausdrückt, mit der Küng natürlich nichts gemein hat.

Andererseits bereitet Nietzsche aber vor allem jener Humanismus-Kritik von Sartre bis Lévinas den Weg, in der man wie Küng die Humanität erweitern und humanere Verhältnisse erreichen will. So lässt Nietzsche also seinen *Zarathustra* sprechen: „Wo ist Unschuld? Wo der Wille zur Zeugung ist. Und wer über sich hinaus schaffen will, der hat mir den reinsten Willen."[2] Küng verbindet daher mit Nietzsche, – nach Heidegger – dem letzten Gott suchenden deutschen Denker, die Einsicht, dass der Mensch seine Potentiale nicht hinlänglich nutzt, wiewohl Küng jene übermenschliche Perspektive nicht teilt. Jedenfalls nennt er sie nicht so.

Als eine Art Bindeglied zwischen Küng und Nietzsche kann man Hans Jonas betrachten, auf dessen *Prinzip Verantwortung* sich Küng auch explizit bezieht, und zwar wenn Jonas die Verantwortung für die Zukunft der Menschheit vornehmlich den Staatsmännern zuschiebt. Das verlängert das Denken von Nietzsche und vor allem Max Webers und entspricht der Verankerung der *Weltethos-Erklärung* auf den höchsten politischen und religiösen Ebenen.

Andererseits erhebt Küng in der Tat sehr weitreichende Ansprüche hinsichtlich der Ethik, die sich einerseits zu Ernst Bloch und andererseits auch zu Nietzsche verlängern lassen. „Warum", fragt Hans Küng, „sollte die Menschheit, die in ihrer

---

[1] Carl Schmitt, Politische Theologie – Vier Kapitel zur Lehre von der Souveränität (1922), 8. Aufl. Berlin 2004, 63
[2] Nietzsche, Also sprach Zarathustra (1882-84), KSA Bd. 4, 157

langen Geschichte bestimmte Bräuche wie Inzest, Kannibalismus und Sklaverei abgeschafft hat, in einer völlig neuen weltgeschichtlichen Konstellation etwa nicht auch die Kriege aufgeben können? Kriege gehören ja keineswegs wie Aggressivität und Sexualität zur Menschennatur, sind nicht angeboren, sondern angelernt und können durch krieglose, friedliche Konfliktreglung ersetzt werden."[1] Die Menschheit ist entwicklungsfähig, so dass utopische Forderungen gar nicht unbedingt so abwegig erscheinen.

Auch damit distanziert sich Küng vom machiavellistischen Realismus in der Politik. Vielmehr stellt er der Politik die entscheidende ethische Aufgabe, die auch Kant bereits formulierte. Da sich Kant einen Weltstaat nicht vorstellen konnte, begnügt er sich mit einem Föderalismus freier Staaten: Man „kann an die Stelle der positiven Idee einer Weltrepublik (. . .) nur das negative Surrogat eines den Krieg abwehrenden, bestehenden und sich immer ausbreitenden Bundes (. . .)"[2] setzen.

Auch Küng kann selbstredend nicht genau angeben, wie die Kriege beendet werden können, aber jedenfalls dass sie beendet werden müssen. Schließlich gibt es Kriege erst seit der Sesshaftwerdung vor ca. 10.000 Jahren. Eine unhintergehbare Naturanlage sind sie somit nicht, so dass Küng vielleicht eine Utopie formuliert, aber eine konkrete, wie sie ursprünglich Ernst Bloch konzipierte, nämlich eine, zu deren Realisierung die Voraussetzungen schon bestehen. Aber dazu müssen die Menschen über sich hinauswachsen und ihre Humanitätspotentiale wirklich ausschöpfen.

Wie Küng sich diese Humanität mit utopischer Perspektive insgesamt vorstellt, das formuliert er besonders prägnant hinsichtlich der Kunst: „Weder Traditionalität noch Novität noch Aktualität, sondern Humanität möge für menschliche Kunst oberste Norm sein: eine Humanität gegründet, beschützt und verborgen geborgen in der Divinität; eine Humanität, die prak-

---

[1] Küng, Projekt Weltethos (1990), 117
[2] Kant, Zum ewigen Frieden (1795), AA Bd. 8, 357

tisch sich auswirkt in der menschlichen Sozietät, im Verhältnis zum Mitmenschen und zur Natur."[1] Hier werden alle Elemente der Humanität zusammengefasst.

Dabei hat Küng auch keine Berührungsängste hinsichtlich der Wissenschaften, wie sie von religionsphilosophischer Seite seit dem 19. Jahrhundert fleißig formuliert wurden. So insistiert Sören Kierkegaard 1846 in seinem Hauptwerk darauf: „Aber der Unterschied ist bloß der, dass die Wissenschaft lehrt, der Weg sei, objektiv zu werden, während das Christentum lehrt, der Weg ist, subjektiv zu werden, d.h. in Wahrheit ein Subjekt zu werden."[2]

Für Küng kann die Ethik indes nicht auf wissenschaftliches Wissen verzichten, womit er in guter aristotelischer und auch thomistischer Tradition steht: Wie soll man ohne Einsicht in die Welt wissen, was man tun soll? Damit ist er erheblich moderner als Kant, der leider doch nicht die Ethik des mündigen Bürgers entwirft, sondern desjenigen, der sich um die Folgen seines Tuns keine Gedanken machen muss, der seine Pflicht erfüllt, aber nicht verantwortlich handelt.

Küng dagegen schreibt: „Eine moderne Ethik ist heute auf den Kontakt mit den Natur- und Humanwissenschaften angewiesen: auf den Kontakt mit Psychologie und Psychotherapie, mit Soziologie und Gesellschaftskritik, mit Verhaltensforschung, Biologie, Kulturgeschichte und philosophischer Anthropologie. Hier sollten die Religionen, ihre verantwortlichen Leiter und Lehrer, keine Berührungsängste zeigen."[3] Dergleichen aber lässt sich auch auf viele säkularen Ethiker übertragen, gerade wenn sie Formalisten sind und sich von solchen Kontakten doch eher gestört fühlen.

---

[1] Küng, Musik und Religion. Mozart – Wagner – Bruckner, München 2006, 231

[2] Kierkegaard, Abschließende unwissenschaftliche Nachschrift zu den philosophischen Brocken (1846), Erster Teil, 3. Aufl. Gütersloh 1994, 120

[3] Küng, Projekt Weltethos (1990), 73

Natürlich darf eine solche Übernahme von wissenschaftlichem Wissen in der Ethik auch nicht Überhand nehmen. Küng vertritt eine durchaus kritische Haltung gegenüber den Naturwissenschaften, die er zwar grundsätzlich schätzt, aber nicht verabsolutiert wissen will. So schreibt er: „Ob Physiker oder Philosoph oder was auch immer, *jeder Mensch* hat es *mit mehr als Vernunft zu tun*: mit Wollen und Fühlen, Phantasie und Gemüt, Emotionen und Passionen, die nicht einfach auf Vernunft reduziert werden können."[1]

Allerdings entfernt sich Küng damit vom reinen ethischen Universalismus und fordert letztlich eine hochinformierte Ethik, die alles heranzieht, was ethisch relevant sein könnte, wobei sie sich allemal nicht vor dem Erfahrungswissen fürchtet, dieses vielmehr auch durch die nicht rationale Seite des Menschen ergänzt. Das sah der katholische Existentialist Gabriel Marcel noch völlig anders, wenn er schreibt: „Ich wäre sogar geneigt, mir die Frage zu stellen, ob diese Überfülle von Einzelkenntnissen nicht letzten Endes blind macht."[2]

Dagegen differenziert Küng zwischen allgemeinen Prinzipien wie den Weisungen der Weltethos-Erklärung und speziellen ethischen Problemen, die sich nicht universalisieren lassen und bei denen vor allem auch die Hilfe der Wissenschaften vonnöten sein kann. So schreibt er: „In umstrittenen konkreten Fragen wie Abtreibung oder Sterbehilfe sollten keine gleichmachenden Forderungen an andere Nationen, Kulturen und Religionen nach gleicher moralischer Praxis erhoben werden."[3] Ob Küng damit die Ethik relativiert, darüber darf man streiten.

Auf jeden Fall pluralisiert er sie zumindest punktuell und steht damit Michael Walzer nahe, der zwischen einer dünnen und einer dichten Moral unterscheidet. Die dünne Moral bein-

---

[1] Küng, Der Anfang aller Dinge – Naturwissenschaft und Religion, München 2005, 51
[2] Gabriel Marcel, Der Mensch als Problem (1955), 2. Aufl. Frankfurt/M. 1957, 80
[3] Küng, Weltethos für Weltpolitik und Weltwirtschaft (1997), 137

haltet allgemeine Prinzipien, die weitgehend überall anerkannt werden, was der *Weltethos-Erklärung* nahe kommt. So schreibt Walzer: Minimale Moral bedeutet: „dass die Regel keinen Sonderinteressen dient, keine bestimmte Kultur ausdrückt und das Verhalten aller auf eine für die Allgemeinheit vorteilhafte oder eindeutig richtige Weise anleitet. Die Regel trägt keine persönliche oder gesellschaftliche Unterschrift."[1] Solche Regeln sind keineswegs unbedeutend, sondern werden durchaus vehement vertreten, weil sie die meisten Menschen überall befolgen. Man könnte sie auch als beinahe selbstverständlich bezeichnen, so dass man um so weniger gegen sie verstoßen darf. Das bleibt umgekehrt aber eine abstrakte, allgemeine Moral, die sich mit wissenschaftlichem oder lebensweltlichem Erfahrungswissen nicht rückzukoppeln braucht.

Dergleichen benötigt nach Walzer eine dichte lokale Moral, die sich kulturellen und sozialen Besonderheiten verdankt und somit von Ort und Zeit abhängig ist. „während mit der ‚dichten Beschreibung' auch Einschränkungen, Kompromisse, Komplexität und Meinungsverschiedenheiten ins Spiel kommen."[2] Die dichte Moral entspricht somit einem sozialen Pluralismus, dem auch Küng nahesteht und dem implizit auch die *Weltethos-Erklärung* Ausdruck verleiht – trotz aller Globalität.

Andererseits drückt sich in ihr auch die dünne Moral aus, die die zentralen Prinzipien beinhaltet, die Küng in den Weltreligionen als gemeinsame diagnostiziert hat. Entsprechend formuliert Küng seinen Denkweg in seinen *Erinnerungen*: „In heutiger Zeit muss ein christlicher Theologe den Weg finden zwischen einem *Wahrheitsrelativismus*, für den es keine bleibende Wahrheit gibt und einem *Wahrheitsabsolutismus*, der sich und seine Position mit der Wahrheit identifiziert."[3]

---

[1] Michael Walzer, Lokale Kritik – globale Standards (1994), Hamburg 1996, 20

[2] Walzer, Lokale Kritik – globale Standards (1994), 19

[3] Küng, Umstrittene Wahrheit – Erinnerungen, München 2007, 682

Literatur

Günter Abel, Sprache, Zeichen, Interpretation, Frankfurt/M. 1999

Theodor W. Adorno, Negative Dialektik (1966), Frankfurt/M. 1970

Johannes Agnoli, Die Transformation der Demokratie (1967) und andere verwandte Schriften, 2. Aufl. Hamburg 2004

Karl-Otto Apel, Diskurs und Verantwortung – Das Problem des Übergangs zur postkonventionellen Moral, Frankfurt/M. 1988

Hannah Arendt, Verstehen und Politik (1953); in: dies., Zwischen Vergangenheit und Zukunft – Übungen im politischen Denken I, 2. Aufl. München, Zürich 2000

Dies., Macht und Gewalt (1970), 15. Aufl. München, Zürich 2003

Dies., Das Urteilen – Texte zu Kants politischer Philosophie (1982), München, Zürich 1998

Aristippos von Kyrene (435-356 v. Chr.); in: Wilhelm Nestle (Hrsg.), Die Sokratiker (1922), Aalen 1968

Aristoteles, Die Nikomachische Ethik (334-323 v. Chr.), München 1972

Ingeborg Bachmann, Literatur als Utopie – Probleme zeitgenössischer Dichtung (1958); in: Hans-Martin Schönherr-Mann: Utopia reloaded! Über Aufstieg, Fall und Wiedergeburt einer Idee, Radioessay. 55 Min., Bayerischer Rundfunk Nachtstudio, 1.7.2008 (BR-Archiv: Manuskript S. 23)

Ulrich Beck, Kinder der Freiheit: Wider das Lamento über den Wertezerfall; in: ders. (Hrsg.), Kinder der Freiheit, Frankfurt/M. 1997

Ders., Ursprung als Utopie: Politische Freiheit als Sinnquelle der Moderne; in: ebd.

Ernst Bloch, Das Prinzip Hoffnung (1938-47), Frankfurt/M. 1959, 3. Aufl. 1976

Ders., Ideologie und Utopie (1968); in: ders., Abschied von der Utopie – Vorträge, Frankfurt/M. 1980

Hans Blumenberg, Beschreibung des Menschen – Aus dem Nachlass (ca. 1976-1981), Frankfurt/M. 2006

Norbert Bolz, Die Helden der Familie, München 2006

Robert B. Brandom, Expressive Vernunft (1994), Frankfurt/M. 2000

Tommaso Campanella, Sonnenstaat (1637); in: Der utopische Staat, hrsg. v. Klaus J. Heinisch, Hamburg, 1960

Albert Camus, Die Gerechten (1949), Dramen. Hamburg 1959

Günter Cisek, Machtwechsel der Intelligenzen – Wie sich unser Miteinander durch künstliche Intelligenz verändert, Wiesbaden 2021

John Dewey, Die Erneuerung der Philosophie (1920), Hamburg 1989

Umberto Eco, Der Name der Rose (1980, Roman), München 1982

Friedrich Engels, Die Entwicklung des Sozialismus von der Utopie zur Wissenschaft (1880), MEW Bd. 19, Berlin 1972

Hans Magnus Enzensberger, Gangarten; in: Kursbuch, Nr. 100, Juni 1990

Joachim Fest, Der zerstörte Traum – Vom Ende des utopischen Zeitalters, Berlin 1991

Michel Foucault, Die Ordnung der Dinge – eine Archäologie der Humanwissenschaften (1966), Frankfurt/M. 1974

Ders., Überwachen und Strafen – Die Geburt des Gefängnisses (1975), Frankfurt/M. 1977

Ders., Der Gebrauch der Lüste - Sexualität und Wahrheit 2 (1984), Frankfurt/M. 1989

Ders., Die Geständnisse des Fleisches – Sexualität und Wahrheit 4 (2018), Berlin 2019

Evelyn Fox Keller: Das Jahrhundert des Gens, Frankfurt/M., New York 2001

Hans-Georg Gadamer; in: Hans-Martin Schönherr-Mann, Ethik des Verstehens, Radioessay, Abendstudio, HR 2, 7.4.2002; abgedruckt in: ders. (Hrsg.), Hermeneutik als Ethik, München 2004

Jürgen Habermas, Theorie des kommunikativen Handelns Bd. 1, Frankfurt/M. 1981

Ders., Die Revitalisierung der Weltreligionen; in: ders. Kritik der Vernunft, Philosophische Texte Bd. 5, Frankfurt/M. 2009

Ders., Religion in der Öffentlichkeit (2005), Philosophische Texte Bd. 4 Politische Theorie, Frankfurt/M. 2009

Yuval Noah Harari, Homo Deus – Eine Geschichte von Morgen, München 2017

G.W.F. Hegel, G.W.F. Hegel, Grundlinien der Philosophie des Rechts (1820), Theorie Werkausgabe Bd. 7, Frankfurt/M. 1970

Ders., Vorlesungen über die Philosophie der Geschichte (1822-32), Bd. 12, Frankfurt/M. 1970

Ders., Vorlesungen über die Ästhetik I (1822-32), Bd. 13, Frankfurt/M. 1970

Martin Heidegger, Zeit des Weltbildes (1938), Holzwege, 4. Aufl. Frankfurt/M. 1963

Ders., Brief über den ‚Humanismus‘ (1946); in ders., Wegmarken, Frankfurt/M. 1967

Ders., Was heißt Denken? (1952), Vorträge und Aufsätze. Pfullingen 1954

Ders., Der Satz der Identität, Identität und Differenz, Pfullingen 1957

Ders., Was heißt Denken? (1951-52), 4. Aufl. Tübingen 1984

Werner Heisenberg, Das Naturbild der heutigen Physik, Hamburg 1955

Thomas Hobbes, Leviathan (1651), Frankfurt/M. 1984

Otfried Höffe, Lebenskunst und Moral oder macht Tugend glücklich, München 2007

William James, Der Pragmatismus – Ein neuer Name für alte Denkmethoden (1907), Hamburg 1994

Hans Jonas, Das Prinzip Verantwortung – Versuch einer Ethik für die technologische Zivilisation (1979), Frankfurt/M. 1984

Immanuel Kant, Kritik der Urteilskraft (1790), Akademie Textausgabe (AA) Bd. 5, Berlin 1968

Ders., Zum ewigen Frieden (1795), AA Bd. 8, Berlin 1968

Sören Kierkegaard, Entweder / Oder, Zweiter Teil (1843), Gesammelte Werke 2. u. 3. Abteilung, Düsseldorf, Köln 1957

Ders., Abschließende unwissenschaftliche Nachschrift zu den philosophischen Brocken (1846), Erster Teil, 3. Aufl. Gütersloh 1994

Hans Küng, Existiert Gott? Antwort auf die Gottesfrage der Neuzeit (1978), 3. Aufl. München 1995

Ders., Projekt Weltethos (1990), 9. Aufl. München 2004

Ders., Weltethos für Weltpolitik und Weltwirtschaft (1997), 3. Aufl. München 1998

Ders. (Hrsg.), Dokumentation zum Weltethos, München 2002

Ders., Wozu Weltethos? Religion und Ethik in Zeiten der Globalisierung – Im Gespräch mit Jürgen Hoeren, Freiburg, Basel, Wien 2002

Ders., Der Anfang aller Dinge – Naturwissenschaft und Religion, München 2005

Ders., Musik und Religion. Mozart – Wagner – Bruckner, München 2006

Ders., Umstrittene Wahrheit – Erinnerungen, München 2007

Ders., Anständig wirtschaften – Warum Ökonomie Moral braucht, München 2010

Ders., Ist die Kirche noch zu retten? München 2011

Ders., Glücklich sterben? Mit dem Gespräch mit Anne Will, München, Zürich 2014

Thomas S. Kuhn, Die Struktur wissenschaftlicher Revolutionen, Frankfurt/M. 1973

Emmanuel Lévinas, Totalität und Unendlichkeit – Versuch über Exteriorität (1961), Freiburg, München 1987

Ders., Jenseits des Seins oder anders als Sein geschieht (1974), Freiburg, München 1992

Gabriel Marcel, Der Mensch als Problem (1955), 2. Aufl. Frankfurt/M. 1957

Niccolò Machiavelli, Der Fürst (1513 / 1532), Wiesbaden 1980

Thomas Macho, Technische Utopien und Katastrophenängste; in: Gegenworte. Zeitschrift für den Disput über das Wissen. Heft 10 / Herbst 2002: Zwischen Kassandra und Prometheus. Wissenschaft im Umgang mit Utopien und Dystopien, Berlin 2002

Karl Marx, Thesen über Feuerbach (1845), Marx Engels Werke (MEW) Bd. 3, Berlin 1969

Karl Marx, Friedrich Engels, Manifest der Kommunistischen Partei (1848). MEW Bd. 4, Berlin 1972

Charles de Secondat, Baron de Montesquieu, Vom Geist der Gesetze (1748), Stuttgart 1965

Thomas Morus, Utopia (1516); in: Der utopische Staat, hrsg. v. Klaus J. Heinisch. Hamburg 1960

Friedrich Nietzsche, Morgenröte (1880/81), , KSA Bd. 3, München, Berlin, New York 1999

Ders., Die fröhliche Wissenschaft (1881-82), Kritische Studienausgabe (KSA) Bd. 3, München, Berlin, New York 1999

Ders., Also sprach Zarathustra (1882-84), KSA Bd. 4, München, Berlin, New York 1999

Ders., Zur Genealogie der Moral (1887), Kritische Studienausgabe (KSA) Bd. 5, München, Berlin, New York 1999

Ders., Götzen-Dämmerung oder Wie man mit dem Hammer philosophiert (1888), KSA Bd. 6,

Ders., Nachlass, Kritische Studienausgabe (KSA) Bde. 7-13, München, Berlin, New York 1999

Ernst Nolte, Was ist oder was war die ‚politische‘ Utopie? in: Richard Saage (Hrsg.), Hat die politische Utopie eine Zukunft? Darmstadt 1992

Günther Patzig, Ökologische Ethik – innerhalb der Grenzen bloßer Vernunft, Göttingen 1983

Platon, Politeia (ca. 374 v. Chr.), übers. v. Friedrich Schleiermacher, Werke Bd. 3, Hamburg 1958

Karl Raimund Popper, Falsche Propheten – Hegel, Marx und die Folgen – Die offene Gesellschaft und ihre Feinde Bd. II (1945), 2. Aufl. Bern, Müchen 1970

Willard van Orman Quine, Theorien und Dinge (1981), Frankfurt/M. 1985

Jacques Rancière, Das Unvernehmen – Politik und Philosophie (1995), Frankfurt/M. 2002

John Rawls, Eine Theorie der Gerechtigkeit (1971), Frankfurt/M. 1979

Ders., Gerechtigkeit als Fairness: politisch und nicht metaphysisch (1985); in: ders., Die Idee des politischen Liberalismus – Aufsätze 1978-1989, Frankfurt/M. 1994

Ders., Politischer Liberalismus (1993), Frankfurt/M. 1998

Ders., Gerechtigkeit als Fairness – Ein Neuentwurf (2001), Frankfurt/M. 2003

Leonhard Reinisch, Eine Utopie – genannt Frieden, Bayerischer Rundfunk, Fragen unserer Zeit, 29.12.1972

Manfred Riedel (Hrsg.), Rehabilitierung der praktischen Philosophie, 2 Bde., Freiburg 1972-74

Jeremy Rifkin, Der embryonale Marktplatz, *Süddeutsche Zeitung* 14.-16.4.2004

Richard Rorty, Kontingenz, Ironie und Solidarität (1989), Frankfurt/M. 1992

Richard Saage, Das Ende der politischen Utopie, Frankfurt/M. 1990

Jean-Paul Sartre, Das Sein und das Nichts – Versuch einer phänomenologischen Ontologie (1943), Gesammelte Werke Philosophische Schriften I, Bd. 3, Reinbek 1994

Ders., Der Existentialismus ist ein Humanismus (1945), Gesammelte Werke Philosophische Schriften I, Bd. 4, Reinbek 1994

Ders., Die schmutzigen Hände (1948), Gesammelte Dramen, Hamburg 1969

Max Scheler, Der Genius des Krieges und der Deutsche Krieg (1915); in: Politisch-pädagogische Schriften, Gesammelte Werke Bd. 4, Bern, München 1982

Carl Schmitt, Politische Theologie – Vier Kapitel zur Lehre von der Souveränität, (1922), 3. Aufl. Berlin 1979

Hans-Martin Schönherr-Mann, Die Technik und die Schwäche – Ökologie nach Nietzsche, Heidegger und dem 'schwachen Denken', Vorwort v. Gianni Vattimo, Wien 1989

Ders., Von der Schwierigkeit, Natur zu verstehen – Entwurf einer negativen Ökologie, Frankfurt/M. 1989

Ders., Ethik des Verstehens, Radioessay, Abendstudio, HR 2, 7.4.2002; abgedruckt in: ders. (Hrsg.): Hermeneutik als Ethik, München 2004

Ders., Simone de Beauvoir und das andere Geschlecht, München 2007

Ders., Miteinander leben lernen – Die Philosophie und der Kampf der Kulturen, Vorwort und Nachwort von Hans Küng, München, Zürich 2008

Ders., Utopia reloaded! Über Aufstieg, Fall und Wiedergeburt einer Idee, Radioessay. 55 Min., Bayerischer Rundfunk Nachtstudio, 1.7.2008

Ders., Globale Normen und individuelles Handeln – Die Idee des Weltethos aus emanzipatorischer Perspektive, Würzburg 2010

Ders., Albert Camus als politischer Philosoph, Innsbruck 2015

Ders., Untergangsprophet und Lebenskünstlerin – Über die Ökologisierung der Welt, Berlin 2015

Ders., Involution oder Revolution – Vorlesungen über Medien, „Bildung und Politik" an der Universität Innsbruck 2013-17, Norderstedt 2017

Peter Sloterdijk, Was geschah im 20. Jahrhundert? Unterwegs zu einer Kritik der extremistischen Vernunft, Berlin 2016

Vaclav Smil, Wie die Welt wirklich funktioniert – Die fossilen Grundlagen unserer Zivilisation und die Zukunft der Menschheit, München 2023

Max Stirner, Der Einzige und sein Eigentum (1844), Freiburg, München 2009

Johano Strasser, Utopie und Freiheit; in: Richard Saage (Hrsg.): Hat die politische Utopie eine Zukunft? Darmstadt 1992

Leo Strauss, Philosophie und Gesetz (1935) – Frühe Schriften, Gesammelte Schriften Bd. 2, Stuttgart, Weimar 1997

Ders., Progress or Return? (1952), in: ders., Jewish Philosophy and the Crisis of Modernity, Albany 1997

Ders., Naturrecht und Geschichte (1953), Frankfurt/M. 1977

Charles Taylor, Ein säkulares Zeitalter (2007), Frankfurt/M. 2009

Christian Thielscher, Wirtschaft und Gerechtigkeit, Wiesbaden 2022

Ernst Tugendhat, Der Golfkrieg, Deutschland und Israel (1991); in: ders., Ethik und Politik – Vorträge und Stellungnahmen aus den Jahren 1978-1991, Frankfurt/M. 1992

Ders., Vorlesungen über Ethik, Frankfurt/M. 1993

Gianni Vattimo, Dialektik, Differenz, schwaches Denken (1983); in: Hans-Martin Schönherr-Mann (Hrsg.), Ethik des Denkens, München 2000; Original: Dialettica, differenza, pensiero debole; in: Gianni Vattimo, Pier Aldo Rovatti (Hrsg.), Il pensiero debole (1983), 3. Aufl. Milano 1985

Ders., Gedanken zur Ethik; in: Schönherr-Mann (Hrsg.), Hermeneutik als Ethik, München 2004

Michael Walzer, Sphären der Gerechtigkeit (1983), Frankfurt, New York 1992

Ders., Lokale Kritik – globale Standards (1994), Hamburg 1996

Max Weber, Die ‚Objektivität' sozialwissenschaftlicher und sozialpolitischer Erkenntnis (1904), Aufsätze zur Wissenschaftslehre, 4. Aufl. Tübingen 1973

Ders., Die protestantische Ethik I (1904/1920), 5. Aufl. Gütersloh 1979

Ders., Politik als Beruf (1919); in: ders., Gesammelte politische Schriften, 3. Aufl. Tübingen 1971

Ludwig Wittgenstein, Tractatus logico-philosophicus (1921), Werkausgabe Bd. 1, Frankfurt/M. 1984

Ders., Philosophische Untersuchungen (1953), Werkausgabe Bd. 1, Frankfurt/M. 1984

Slavoj Žižek, Das wahre Erbe des Jahres 1968; in: Süddeutsche Zeitung, 3.,4. Mai 2008

Personenregister